나의 도전

위기를 딛고 세계를 열다

NANAM
나남출판

나의 도전
위기를 딛고 세계를 열다

2022년 12월   1일 발행
2023년   3월 20일 2쇄
2023년 12월 10일 3쇄
2024년 11월   1일 4쇄

지은이   김명자
발행자   조완희
발행처   나남출판사
주소   10881 경기도 파주시 회동길 193, 4층 (문발동)
전화   (031) 955-4601 (代)
FAX   (031) 955-4555
등록   제 406-2020-000055호 (2020.5.15)
홈페이지   http://www.nanam.net
전자우편   post@nanam.net

ISBN 979-11-92275-12-3
ISBN 979-11-971279-3-9(세트)

책값은 뒤표지에 있습니다.

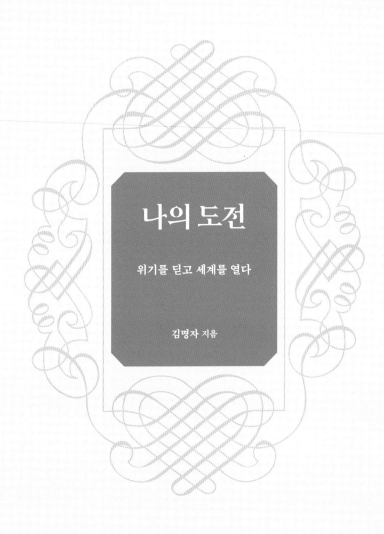

나의 도전

위기를 딛고 세계를 열다

김명자 지음

NANAM
나남출판

책을 열면서

'코리아' 하면 88올림픽을 열 예정인 나라 정도로만 간신히 알려졌을 뿐, 어디에 있는 나라인지도 모르는 사람이 태반이던 1985년 경이었다. 나는 외국 슈퍼마켓이나 할인매장 또는 길거리 좌판에서 팔리는 한국산 주얼리를 보고 깜짝 놀랐다. '왜 한국산 주얼리는 외국의 고급 백화점에서 눈부신 조명을 받으며 당당히 팔릴 수 없을까? 이유가 뭘까?' 너무나 궁금했다.

나는 이러한 의문과 끓어오르는 한국인의 자존심으로 아무도 주목하지 않던 코리아 제품을 가지고 세계 유명 브랜드 주얼리 시장에 뛰어든 어리석고 황당한 사람이었다.

결혼으로 경력이 단절된 지 8년 차이던 34살, 주얼리와 글로벌 비즈니스를 공부하거나 경험한 바 없는 나에게 황당한 용기를 준 사람은 미켈란젤로였다. 34살의 조각가였던 그는 교황 율리우스

2세의 강압으로 시스티나 성당의 천장화 〈천지창조〉를 그렸고, 그 후 같은 성당의 벽화 〈최후의 심판〉을 그려 불후의 명작을 남겼다. 모두가 그를 천재라고 부르자 미켈란젤로는 "내가 얼마나 많은 노력을 했는지 안다면 절대로 나를 천재라고 부르지 못할 것이다"라고 말했고, 공자는 "남이 한 번 해서 능숙해지면 나는 100번 하고, 남이 10번 해서 능숙해지면 나는 1천 번 한다. 그리하면 아무리 어리석은 사람도 현명해지고, 유약한 사람도 강해진다"라고 말했다.

모두가 공자나 미켈란젤로처럼 성스러움과 천재성을 가지고 태어나지만 그 능력들이 빛을 발하려면 오랜 시간의 끈질기고 성실(誠實)한 노력이 반드시 필요하다. 자기극복의 끈기와 투지를 가지고 밤낮으로 몰입하여 생각하고 연구하면 누구나 놀라운 천재성이 나타나게 된다.

대부분의 기업인이 책을 낼 때는 명필가들이 대필하여 내용을 매끄럽고 세련되게 전개하는 반면, 나는 일을 시작한 해부터 지금까지 36년 동안의 수많은 이야기를 1년에 20번이 넘는 해외 출장 사이사이에 딸에게 쓴 편지와 사진을 토대로 두서없이 써내려갔다. 그러다 보니 내용을 이리저리 빼고 넣는 과정에서 어색하고 부족한 점이 많았는데, 코로나 이후 해외 출장과 바이어 미팅이 없는 동안 미약하게나마 수정하였다.

36년간 내가 사업에 전념할 수 있도록 바르게 자라 주었으며, 지금까지 내가 있게 해 주고 나를 지지해 주고 나에게 용기와 믿음을 준 나의 아들 원석과 딸 선정에게도 이 자리를 빌려 고마움과 사랑을 전하고자 한다.

2022년 11월

졸(拙) 저자 김명자(金名姿)

1	1. 해외 출장 중 두서없이 썼던 메모
2	2. 내가 만난 세계 각국의 바이어들

나의 도전

위기를 딛고 세계를 열다

차례

책을 열면서   005

무언으로 주신 가르침   013

나의 멘토   019

어리석은 사람이 산을 옮긴다:

우공이산(愚公移山)   027

초등생의 엉뚱한 발상   028

보우(寶友)   031

애벌레로 살 것인가

나비로 살 것인가   043

첫 유럽 출장에서의 우여곡절   050

카르페 디엠(Carpe Diem),

이 순간 최선을 다하자   060

상상 이상의 성과를 얻다   061

낯선 문화와 만나다   065

역사의 현장을 찾아가다   068

멍청한 고집   072

사우디아라비아에서

여성 기업인으로 살아남기   074

유럽이 독점한 주얼리 전시회에 도전장을 내다   077

세상이 얼마나 좁은지!   079

동유럽의 사회주의를 경험하다   081

학력(學歷)과 학력(學力)   087

빵을 함께 먹는 가족   091

믿음이라는 씨앗   095

간절함을 넘어 절박함으로   099

미친 여자, 돈독이 오른 여자   105

최고보다 최선을 추구하다   119

직원 모두가 사장이다   125

혁신 기업이란?   131

It's a small world   135
'고르비'   135
어느 중동 바이어와의 운명적 만남   140
피에르의 장미꽃   143
마이클의 구멍 난 양말   147
깨어진 유리잔   150
원수는 외나무다리에서 만난다   153
코트라맨   154

가장 강한 사람   157
와인 같은 친구   157
신뢰와 믿음의 중요성   163
한겨울의 야외 사우나   166
6 · 25전쟁과 콜롬비아 할아버지   169
썩은 미소, 썩은 사과   172
비행기 안에서 쓴 편지   175
버스 스토리   177
멀미 덕분에(?) 입사하다   180
한 스님의 신비로운 도움   182
관포지교   186

작은 마음이 모여 187

중국 공장의 수난 193

기업경영은 정글 속 같은 것 199

수수깡으로 만든 여자? 203

성공한 사람의 최대 적은
성공기억이다 215

꿈에 미쳐라 225

책을 닫으며 229

무언(無言)으로 주신 가르침

2000년 8월 초 어느 날, 웅성거리는 소리에 눈을 떠보니 사무실 직원들이 삥 둘러서서 걱정스레 나를 내려다보고 있었다. 서울 삼성병원 응급실이었다. 환자가 너무 많아 환자용 베드 대신 바닥의 매트리스 위에 누워 있는 내 모습에 나도 놀랐다.

조금 전까지 나는 회사에서 다음 날 아침 비행기로 뉴욕 출장을 가기 위한 준비에 정신이 없었다. 그러던 중 정신을 잃고 사무실 바닥에 쓰러졌고, 결재 받으러 온 직원이 나를 발견한 것이다. 의사는 과로로 인한 탈진 때문에 체력이 너무 쇠약해진 상태라 입원해서 치료를 받으라고 했다. 내일 당장 뉴욕으로 출발해야 하는 나에게 이게 무슨 날벼락이란 말인가.

직원들은 "뉴욕 상담을 연기해야 한다"며 입원 수속을 했다. 그러나 직원들이 모두 집으로 돌아간 늦은 밤 나는 몰래 퇴원하여 다음 날 아침 뉴욕행 비행기에 몸을 실었다. 뉴욕에 도착한 후 회사에 전화했고, 깜짝 놀라며 황당해하는 직원에게 응급실 침대보다는 비행기 좌석이 훨씬 더 편하더라는 농담과 함께 무사 도착을 알렸다.

주사기를 꽂았던 팔과 손등이 시커멓게 멍들고 퉁퉁 부어 있는 것을 본 바이어들이 놀라고 당황해 하며 "무슨 일이 있었냐?"고 물었다. 내가 웃으며 "남편에게 살림 못한다고 얻어맞았다"고 하니 모두가 깜짝 놀랐지만, 금방 농담인 줄 알고는 "미세스 킴, 이런 몸으로 어찌 비행기를 타고 그 먼 길을 왔소. 약속과 사업도 중요하지만 건강해야 우리와 오래 함께 일할 수 있어요. 호텔에 가서 좀 쉬도록 하세요"라며 걱정해 주었다. 덕분에 첫날은 여느 때보다 훨씬 빨리 그리고 수월하게 미팅을 마쳤다.

하지만 다음 날 상담 도중에 순간적으로 정신을 잃는 사건이 생겼다. 미팅하면서 가격 협상 중에 바이어에게 가격을 조정해 달라는 요청을 받고 나는 몇 분 동안을 아무런 반응도 없이 멍하니 앞만 바라보며 앉아 있었다. 상담하던 바이어는 내가 가격 조정 부탁에 화가 나서 그런 줄 알고 당황하여 잠시 자리를 비웠다가 다시 들어왔다.

내가 여전히 무표정한 상태로 그대로 앉아 있자 그걸 본 사람들이 너무 놀라서 웅성거렸고 나는 그 소리에 정신을 차렸다. 잠시 정신을 잃었던 것이다.

매일 아침 9시에 시작해서 저녁 9시나 10시에 끝나는 5일간의 미팅을 마친 금요일 저녁, 지친 몸으로 호텔에 돌아온 나는 긴장이 풀어졌는지 온몸이 덜덜 떨리고 식은땀이 소나기처럼 나면서 고열과 몸살로 쓰러졌다. 결국 이틀 동안을 호텔 방에서 혼자 끙끙 앓고야 말았다. 뉴욕 사건 이후 독일과 영국에서도 이러한 일이 있었지만 나는 단 한 번도 바이어들에게 나의 사정으로 약속을 연기하거나 변명하지 않았다.

어려움이 있을 때마다 나는 어릴 적 기억이 떠올라 약해질 수가 없었다. 나는 어릴 때 몸이 무척 허약해서 해마다 여름이면 며칠씩 쓰러져 못 일어나곤 하였다. 그럴 때마다 아들만 중시하시던 어머니께선 나를 못마땅해 하시면서도 강가에 사시던 작은외삼촌에게 장어를 잡아 오시게 하여 그것을 솥에 푸욱 삶아 우유처럼 만든 다음 내가 좋아하는 복숭아 통조림 한 쪽과 함께 나에게 매일 먹이곤 하셨다.

초등학교 3학년 때의 뜨거운 여름 어느 날, 점심 식사 후 반 학생들이 식곤증으로 졸고 있을 때 담임선생님께서 "모두 나가 운동장 한 바퀴 돌고 와요"라고 소리치셨다. 졸다가 놀란 우리들은 우르르 밖으로 나가 뛰기 시작하였다.

전교생 2,400명이 운동회를 할 정도의 커다란 운동장이었는데, 그날은 유난히 더 크고 거대하게 보였다. 우리가 뜨거운 태양 아래 개미처럼 헉헉거리며 겨우 운동장을 돌고 왔더니, 선생님께서 열 뒤쪽에 있는 나부터 다시 한 바퀴 더 돌고 오라고 큰 소리로 호령을 하셔서 우린 놀라고 실망스러웠지만, 죽을힘을 다해 다시 뛰기 시작했다.

운동장을 반쯤 돌 무렵 맨 뒤에서 뛰던 나는 현기증이 나고 토할 것 같아 더 이상 버티지 못하고 운동장 바닥에 털퍼덕 주저앉았다. 반 친구들이 뜨거운 여름 볕에 개미처럼 허우적거리며 뛰어가는 것을 앉아서 바라보며 고개를 떨구었다. 선생님은 운동장에 쭈그리고 앉아 있는 나에겐 눈길도 주시지 않고 나머지 학생들만 데리고 교실로 가셨다.

그리고 나에게 아무런 말씀도 없이 퇴근하시는 것이었다. 교실 처마 밑에 웅크리고 앉아 있는 나를 쳐다보지도 않고 사라지는 선생님을 바라보던 일은 평생 가슴에 남아 있었다.

'선생님께선 왜 반장인 나부터 다시 뛰게 하셨을까? 그리고 왜 묻지도 꾸지람하지도 않으실까?'

언제나 칭찬을 아끼지 않으셨으며, 친절하시고 부모님보다 더 자애로우셨던 담임선생님께서는 꾸지람하지도 않으시고 이유도 묻지 않으셨다. 그리고 다음 날도 그다음 날도 아무런 말씀이 없으셨다.

그 이후 나는 그때 쓰러질 때까지 뛰지 않고 주저앉은 것을 후회하며 중학교, 고등학교 체력장을 할 때마다 죽기 살기로 800미터를 완주한 뒤 응급실에 실려 가곤 하였다. 어떠한 어려운 상황이 있어도 죽을 때까지 최선을 다해야 한다는 마음가짐이 마음속 깊이 새겨져, 그 이후로는 무슨 일이 있어도 해결할 때까지 최선을 다하였다.

1985년부터 지금까지 36년 동안 사업을 하면서 아무리 몸이 아파도 병원에 입원하기 전에는 약봉지를 들고 회사에 출근했고 회사에서 앓을망정 집에 누워 있지 않았다. 집에 누워 있으면 몸이 더 아프고 마음이 편하지 않다.

만약 초등학교 시절, 담임선생님께서 나의 나약함을 안아 주시고 보듬어 주셨으면 지금의 내가 존재할 수 있었을까? 그때 그런 일이 없었더라면 건강하지도 않은 몸으로 지구를 50바퀴 이상 돌며 국제 비즈니스를 하는 것이 가능했을까?

무언(無言)으로 꾸짖으시고 무언으로 가르쳐 주신 초등학교 3학년 담임선생님은 영원히 나의 가슴속에 계실 것이다.

위대한 교사는 무엇을 가르치지 않아도
듣는 사람의 가슴에 불을 붙인다.

나의 멘토

초등학교 1학년 초여름경이었다. 학교 수업이 끝나고 모두 신나게 집으로 가는데 난 학교 운동장 놀이터 시소나 미끄럼틀 위에 책보자기를 풀고 그 위에서 숙제를 하곤 했다. 집에서 숙제할라치면 어린 동생들이 책을 찢거나, 엎드려서 숙제하는 내 등을 타고 오르곤 했기 때문이다.

마을에서 이름난 대농가(大農家)를 이끄셨던 할아버지의 막내아들인 아버지는 일곱 살 때 할머니가 돌아가신 후 형님 부부인 큰아버지와 큰어머니 밑에서 조카들 다섯 명과 함께 자랐다고 한다. 마을에서 가장 농토가 많은 부농이었던 큰집은 가을 시제 때는 떡을 열두 시루나 해서 제사 후 마을 사람들에게 나누어 주던 부유한 집안이었다. 그러나 어느 날 3살 위인 아버지의 조카가 세상을 뜨고 아버지와 동갑인 조카까지 세상을 뜨자 형수님인 큰어머니가 중학생인 아버지를 일찍 혼인시켜 분가시키셨다.

부잣집 막내아들로 자라다가 갑자기 가장이 된 아버지는 가족이 늘자 제천 시내에서 멀지 않은 곳에서 트럭 운수업에 뛰어드셨고 농사일은 어머니가 도맡아 하셨다. 우리 가족은 내가 초등학교에 들어가기 전까지는 아버지의 사업 덕택으로 서울에서 유행하던 도시 문화를 시골 동네에서 가장 빨리 접할 수 있었다. 동네모든 아이들이 치마저고리를 입을 때 언니와 나는 빨간색 코르덴 양복을 입었다. 추운 겨울에도 스펀지가 대어 있는 빨강 나일론 재킷을 마을에서 제일 먼저 입었고, 예쁜 꽃무늬 고무신도 마을에서 제일 먼저 신고 다녔다.

그러나 어느 날 아버지가 운영하던 트럭이 대형사고가 나면서집안이 어려워지자 우리 가족은 제천에서 멀리 떨어진 함백이라는 두메산골로 이사를 했다. 함백은 내가 태어난 곳과는 전혀 다른 신흥 탄광지였다. 그곳에서 우리 가족은 쌀가게가 딸린 집에살았는데, 어머니는 쌀가게에서 마른 북어, 조기, 멸치, 두부 등식생활에 필요한 것들을 팔았다. 첫째 딸인 언니는 어머니를 돕느라 바빠서 어린 동생들을 돌보는 일은 항상 둘째 딸인 내 차지였다. 내 밑으로 남동생 두 명, 여동생 두 명이 있었다.

내가 숙제하느라 제대로 돌보지 못하여 동생이 칭얼대거나 울면 어머니께서는 "이 책 귀신아, 도대체 너는 뭐가 되려고 그러느냐. 계집아이가 문장(文章)이라도 되려고 하느냐. 너는 왜 매일 책만 보느라 동생들도 제대로 못 돌보냐"고 꾸지람을 하셨다.

어느 날 칭얼거리는 아기를 재봉틀 다리에 묶어 놓고 숙제를 하다가 아기가 거꾸로 넘어져 아기도 놀라고 나도 놀라 정신이 나갔다. 화가 나신 어머니는 "너, 동생도 제대로 보지 않으려면 학교에도 가지 마라"고 하시며 내 책들을 싸잡아 몽땅 비 오는 마당에 내던지셨다. 나는 비에 젖은 책을 주섬주섬 가슴에 안고 지붕 처마 밑에 앉아 울면서 엄마는 동화책에 나오는 계모가 틀림없다고 생각했다. 언니는 아기가 칭얼대면 업고 밖으로 나가곤 했지만 난 아기를 업을 만큼 건강하지 못해서 항상 방에서만 데리고 놀아야 했기 때문에 더 힘들었고 아기 돌보는 것이 제일 싫었다.

그날도 학교에서 숙제하려고 시소 위에 책보자기를 풀고 막 숙제를 시작했는데 빗방울이 뚝뚝 떨어지기 시작하는 것이다. 얼른 책보자기를 챙겨 다시 교실로 갔으나 이미 교실 문은 잠겨 있었다. 하는 수 없이 복도 신발장 옆에서 꾸부리고 숙제를 하고 있는데 마침 지나가시던 선생님이 나를 보시고 "왜 집에 안 가고 여기서 공부를 하느냐"고 물으셔서 "동생들 때문에 집에서 숙제를 할 수가 없어요" 하자 선생님께서 복도 끝에 도서관이 있으니 거기에 가서 하라고 일러 주셨다.

처음으로 학교 도서관이라는 곳을 알게 된 나는 그곳이 조용할 뿐만 아니라 많은 책이 있음을 알고 기뻤다. 조용하여 숙제하기엔 최고로 좋아 매일 수업이 끝나면 도서관으로 달려가 숙제도 하고 책도 보면서 가끔 흐트러진 책 정리도 말끔하게 하곤 하였더니

1. 대회에 나가서 읽었던 책은 훗날 내게 큰 도움이 되었다.
2. 담임선생님의 지도로 발레를 배웠던 11살의 나

도서관 담당 선생님께서도 나를 반기시고 내가 읽으면 좋은 책들을 친절하게 골라 주곤 하셨다. 처음엔 율곡, 신사임당 등 우리나라 위인전을 주로 읽다가 퀴리 부인, 링컨, 베토벤과 같은 세계 위인전을 읽으면서 비로소 세상에는 우리나라만 있는 것이 아니고, 세계 여러 나라에 훌륭한 사람이 많다는 것을 알게 되었다. 그러면서 도서관에 있는 책들과 친해지기 시작했다.

많은 위인전의 다양한 이야기가 나를 사로잡았다. 나는 책 속의 신비로운 세상에 빠져 서서히 책벌레가 되어 갔다. 매일 도서관에서 수많은 책을 읽다 보니 학교 성적도 쑥쑥 올라 선생님과 반 친구들에게 인기도 많아지고 어느새 학교에선 우등생, 반장이라는 호칭이 붙었다.

김송자 4학년 담임선생님은 무용 선생님이셨는데 키가 크고 비쩍 마른 나에게 틈틈이 발레를 가르쳐 주셨다. 학예회 발표 때도 다른 아이들은 모두 어머니가 오셔서 화장과 머리를 해줄 때 나는 담임선생님이 발레 옷도 사 주시고 화장과 머리도 해주셨다.

담임선생님은 또 교내 글짓기 대회에 반 대표로 참가하여 〈우산〉이라는 동시로 전교 2등을 한 나를 문예반 선생님에게 데리고 가셔서 동시(童詩) 쓰는 법을 특별 지도해 달라고 부탁하셨다. 아마도 나에게 무관심한 우리 부모님과 집안 사정을 고려하시고 발레보다는 동시를 택하신 것 같다.

문예반 선생님에게 지도를 받기 시작했을 때 나는 "선생님, 지난번 동시 대회 때 언니 오빠들의 글이 훨씬 더 예쁜 단어라 멋있었는데 어째서 제 시가 당선되었는지 궁금해요"라고 물었다. 선생님께선 "시(詩)란 예쁜 단어들의 나열이 아니라 마음의 소리를 표현해야 한단다"라고 하셨다.

선생님의 '마음의 소리'라는 말씀 덕분에 시(詩)를 이해하고, 자연을 사랑하고, 자연과 대화하기 시작했다. 담임선생님의 특별한 관심과 문예반 선생님의 따뜻한 배려로 나는 일주일에 1~2편 동시를 써서 초등학교 졸업할 때까지 개인 지도를 받기도 했다. 나는 이때부터 글 쓰는 것에 재미를 느끼며 시(詩)를 좋아하게 되었다.

방과 후 항상 도서관에 머문 나는 가끔 선생님의 시험지 채점이나 성적표 정리 등을 도와 드리고 초등학교 3학년부터 선생님들의 조교 노릇을 하면서 나중에 선생님이 되고 싶다는 꿈을 가졌다.

나를 인정해 주시고 믿어 주시는 선생님들이 계시는 학교는 집과는 정반대의 세상이었다. 학교에서 나의 존재와 능력을 인정받아 자신감이 생겼고 모든 것이 즐거웠다.

경주로 떠난 중학교 수학여행 때는 담임선생님께서 여행비를 대신 내주셨고 국어 선생님과 다른 네 분의 선생님께서 수학여행 가서 쓰라고 용돈을 주셔서 그 누구보다도 풍족하고 행복한 수학여행을 다녀왔다.

집에선 아들에게만 정성을 쏟으시는 부모님께 둘째 딸이자 두 남동생을 둔 나는 허약하고 병치레만 하는 천덕꾸러기로 존재감도 없었지만, 학교생활은 천국 그 자체였다. 초등학교 때 수많은 위인전과 다양한 책을 읽은 결과 중·고교 시절에는 정부가 주관하는 '전국 학생 자유교양 경시대회'에 학교를 대표해서 참가하게 되어 더 많은 책을 읽었다. 각종 경전과 성경도 접했으며, 특히 세계 위인전과 성인(聖人)들에 관한 책을 많이 읽었다. 노자, 소크라테스, 공자, 석가모니, 마호메트, 예수 등 세계 성인들에 대해서 읽은 나는 종교에 대한 편견이 없어졌다.

나는 지금까지 살면서 나 자신의 문제로 누구와도 다투거나 싸우지 않았으며, 아무리 억울한 누명을 쓰거나 모함을 받아도 찾아가서 해명하거나 따지지 않았다. 특히 10대 후반의 공자가 "지는 사람은 이기는 사람보다 얻는 것이 더 많고 반복해서 실수하지 않는 사람이 언젠가는 성공한다"라며 '다툼에서 지는 법'을 깨치는 모습에 깊은 감명을 받아서 후에 회사를 운영할 때 큰 도움이 되었다.

책은 나에게 무지(無知)를 줄여 주는 수단이 아니라 새로운 세상을 열어 주는 창(窓)이자 휴식을 함께하는 영혼의 동반자이다.

오늘날 나를 있게 한 것은 동네 도서관이다.
하버드대 졸업장보다 더 소중한 것이 독서하는 습관이다.

— 빌 게이츠

어리석은 사람이 산을 옮긴다

우공이산(愚公移山)

이 세상에는 어리석은 사람과 지혜로운 사람이 살고 있다.

이 사회는 대부분 지혜로운 사람으로 구성된다.

지혜로운 사람은 사회의 무질서를 바로잡고

개인과 공익을 위해 힘써서 사회가 공존하는 데 이바지하지만,

소수의 어리석은 사람은

남들에게는 하잘것없고 무모한 행동으로 보이나

본인이 결심한 일은 어떠한 어려움이 있어도

꼭 결실을 보기 때문에 사회의 변화와 혁신을 이끈다.

세계적인 발명가 에디슨, 라이트 형제가 그런 사람들이다.

초등생의 엉뚱한 발상

초등학교 5학년 방학 때 언니가 자취하는 서울 성동구 행당동 집에 간 적이 있다. 언니가 출근하면 나는 집 부근에 있는 무학여중·고 운동장에 가서 나무 그늘 벤치에 앉아 책도 보고 시간을 보내면서 중·고등학교는 이곳으로 오고 싶다고 생각했다. 언니한테 이야기했더니 부모님 허락을 받아서 함께 있자고 했다.

그러나 서울에 있는 중학교에 간다는 부푼 꿈은 아버님이 경영하시던 기와 벽돌 공장이 공장장인 사촌 오빠의 노름빚으로 파산하는 바람에 좌절되고 말았다. 오로지 집안의 모든 희망을 아들에게 거신 부모님인데, 두 명의 남동생까지 있는 어려운 집안 살림을 뻔히 아는 내가 서울 중학교는커녕 시골 중학교도 가겠다고 말할 수 없었다.

6학년 담임선생님이 부모님을 찾아오셔서 "이 아이는 중학교 입학만 허락해 주시면 중·고등학교는 장학금으로 공부할 수 있습니다. 돈 걱정 마시고 입학만 허락해 주십시오"라고 사정사정하셔서 겨우 입학 허락을 받았다. 어려운 살림에 여자애를 중학교 보낸다고 어머니께선 무척 못마땅해 하셨다.

나는 장학금을 받으면서도 중학교 1학년 때부터 아이들을 가르치는 가정교사 일을 해서 부모님께 일체 돈 이야기는 하지 않았다. 하지만 집안 형편 때문에 서울 중학교에 못 가게 된 것은 어린 나에게 커다란 실망이었다. 나는 너무도 속상해서 중학교 시험을 마치고는 거의 문 밖 출입을 하지 않고 집 안에서 밤낮 책만 보았다.

그 당시 아버님이 마을에서 〈서울신문〉 지국장을 하셨다. 돌리고 남는 신문은 모두 우리 가게에 쌓아 놓고 가게 손님들 물건을 싸 주거나 화장실 휴지가 없던 시절에 화장실 휴지로 사용하였다. 어느 날 보던 책을 다 읽은 후 이런 신문을 뒤적거리던 중 눈을 번쩍 뜨이게 하는 내용을 발견했다. 신춘문예 광고였다. 그중에서도 소설 부문 상금이 제일 컸다. 소설 부문에 당선되면 서울에 있는 중학교에 갈 수 있을 것 같았다.

그때까지 나는 동시는 지어 봤지만, 소설은 쓴 적이 없었다. 그래도 도전해 보고 싶은 마음에 교과서에 나온 〈소나기〉라는 단편소설을 여러 번 탐독한 후 소설을 써보기로 결심했다. 몇 해 전부터 서울에서 시골 할머니 집으로 요양 와서 지내는 서울 남자애와 친해졌는데 그 친구와의 이야기를 쓰기로 했다. 나이가 나와 비슷한 서울 소년은 무슨 병인지 학교를 휴학하고 벌을 키우는 시골 할머니 댁에 와서 요양하고 있어서 자주 만났다.

소설 내용으로는 그 남자 친구와 여름에 계곡에서 고기와 가재 잡던 이야기, 둘이 주전자 하나씩 들고 산딸기 따러 산속에 갔다가 너무 깊숙이 들어가 길을 잃고 무서워서 눈이 퉁퉁 붓도록 울며 산속 길을 헤맨 이야기를 썼다.

매일 밤낮으로 쓰고 고치고 해서 원고지 500장 정도를 신문사로 보냈다. 그리고 날마다 조간이 오면 제일 먼저 달려가 소식을 기다렸다. 그러나 한 달, 두 달, 석 달이 지나도 아무런 소식이 없었다. 지금 생각하면 이 얼마나 황당한 일인가? 초등학교 6학년생이 신춘문예 소설 부문에 참가하겠다고 원고를 보냈으니 ….

그래도 서울 중학교가 간절했던 나는 내가 할 수 있는 일로 부모님을 기쁘게 해드려서 그곳에 가고 싶었다. 하지만 기다리고 기다려도 신문사로부터 소식은 없었다. 날이 갈수록 나의 행동이 괜스레 부끄럽고 창피스러워 누구에게도 이 사실을 말하지 못했다. 신문사도 내가 보낸 글은 아예 읽어 보지도 않았을 것이다. 초등학생의 황당한 행동이 얼마나 우스꽝스러웠을까? 하지만 세월이 많이 흘러 어른이 된 후에 생각해 보니 절로 웃음이 나기도 한다. 그러나 아무리 황당한 글이라도 어린아이가 그 많은 원고를 써서 보냈는데 아무런 답신이 없었다는 것은 어른들이 너무 무성의했던 것 같다.

난 그 뒤로 소설은 쓰지 않았다. 중학교 땐 학교 이름과 학년을 빼고 내 이름과 집 주소만 쓰고 지방 신문사에 시(詩)를 지어 보냈더니 실린 적이 여러 번 있어서 용기를 얻어 〈여학생〉이라는 월간지에 단골로 글을 보내 여러 번 채택되었고, 이로 인해 전국적으로 팬 친구들이 생기기도 했다.

모른다는 것은 부끄러운 일이 아니다.

모르는 것을 아는 척하는 것이 부끄러운 일이다.

— 톨스토이

보우(寶友)

내가 만약 무역이나 경영학을 전공했다면, 세계시장 현황과 한국의 세계시장 속 위치를 알았다면, 세계가 코리아라는 나라가 있는지도 모르던 1985년경에, 그것도 콧대 높은 유럽 고급 주얼리 시장에 메이드 인 코리아(Made in Korea) 보우 자체 브랜드를 수출하려고 덤볐을까?

1984년 9월 어느 날 저녁 무렵 가사 도우미 분이 저녁 식사 준비를 하는 동안 나는 7살 아들과 5살 딸을 데리고 저녁 식탁에 놓기 위해 정원에 있는 대추나무에서 빨갛게 잘 익은 대추만 골라서 따고 있었다. 그런데 거래하는 무역회사 사장과 바이어를 픽업하러 공항에 간다던 남편이 헐레벌떡 집으로 달려와 황급히 전했다. "공항에 함께 가기로 한 K트레이딩 김 사장이 파산하여 미국으로 도망가고 없어. 지금 공항으로 네덜란드 바이어 마트(Mart)를 픽업하러 가자." 나는 남편의 숨넘어가는 재촉에 정신없이 영어사전만 들고 따라 나섰다.

마트는 네덜란드 암스테르담 사람으로, 액세서리 반제품 부품만을 수입해 가는 바이어였다. 그는 남편 회사에서도 액세서리 반제품인 에폭시 부품을 K트레이딩이라는 무역회사를 통해 수입해 가고 있었다.

집에서 아이들에게 영어 단어를 가르치느라 매일 녹음기를 틀어 놓고 있었지만, 외국인은 물론 한국인과도 영어로 대화 한 번 해보지 않은 내가 갑자기 외국인과 대화라니!

김포공항에서 마트를 태우고 하얏트호텔까지 가는데 대한민국을 몇 바퀴 도는 것처럼 어찌나 멀고도 먼지, 떨리고 두려운 시간은 시계가 멈추어 있는 것 같이 힘들고 지루했다. 남편은 운전하고 나는 아는 단어만으로 지금 사정을 설명하기도 힘든데 바이어가 질문을 하면 무슨 말인지 통 알 수가 없어 종이에 써서 보여 달라고 하여 사전을 찾아보며 겨우 대답을 하느라 진땀을 뺐다.

호텔에 데려다주고 다음 날 아침에 만나기로 약속하고 집으로 돌아오는데 입은 바싹 타들어 갔고 혼은 빠져 넋이 나갔지만, 다음 날이 더 큰 걱정이었다. 밤새도록 다음 날 할 이야기를 영어로 외웠다.

그러나 다음 날도 밤새 외운 문장은 하나도 생각나질 않고 역시 단어 하나하나로 하루 종일 혼이 났다. 그나마 중학교 때 1학년 학생들의 영어와 수학 과외 지도를 하느라 영어 교과서를 처음부터 끝까지 달달 외운 적이 있는데 그것이 큰 도움이 되었다.

외국 바이어와 비즈니스를 36년 했어도 나의 영어 실력은 여전히 중학교 1학년 수준이다.

그다음 날도 영어 사전을 들고 다니면서 바이어가 거래하는 회사들을 함께 다니며 약속대로 상담을 마치도록 도와주었다. 상담을 마친 마트는 퇴계로 명동에 있는 '무역진흥공사', 지금의 코트라(KOTRA)를 찾아가서 K트레이딩 회사에 관해 설명도 하고 다른 수출회사 소개도 받는 등 많은 도움을 받았다.

나는 담당자인 김 대리님께서 친절하게 도와주는 모습이 무척 인상 깊었다. 이때 처음으로 한국을 잘 모르는 외국인이나 처음 수출하는 한국인 중소기업을 적극적으로 도와주는 고마운 정부기관이 있다는 걸 알았다. 이것이 내가 코트라를 알게 된 동기요, 주얼리를 수출하게 된 동기다.

영어를 못한다고 다음 날 마트를 도와주지 않고 코트라에도 따라가지 않았다면, 그리고 외국인과 중소기업인에게 그토록 친절한 코트라 직원을 만나지 못했더라면 나는 아마 한국 주얼리를 외국에 수출해 보겠다고 도전하지 못했을지도 모른다.

이듬해 봄, 마트는 다시 한국을 방문하면서 "지난번 상담할 때 미세스 킴이 도와줘서 큰 힘이 되었다"며 남편에게는 양주를, 나에게는 향수를 선물했다. 상담할 때 내가 추천해 준 부품들 반응이 무척 좋았다며 나에게 "컬러 감각과 디자인 감각이 무척 뛰어나니 주얼리 디자인이나 주얼리 비즈니스를 해보라"고 권했다.

결혼하기 전 약혼식을 하고 퇴사하여 집에서 쉬고 있을 때, 약혼자가 전자 회사 부품에 사용하는 에폭시를 동그랗게 뭉친 후 은박지에 입혀 공깃돌처럼 만들어서 내게 한 움큼 준 적이 있다. 거기에 내가 고리를 만들고 체인을 달아 목에 걸고 다니자 만나는 사람마다 예쁘다고 하는 것을 보고, 이후 남편이 된 약혼자는 여러 가지 모양으로 만들어 남대문시장 도매상인에게 보여 주었다.

처음에는 별로 반응이 없던 도매상인은 에폭시는 페인트처럼 쉽게 벗겨지지도 않고 색도 변하지 않으며 인체에 해롭지도 않다는 설명을 듣고는 용 두 마리가 있는 커다란 주물 액자를 보여 주며 색칠을 할 수 있느냐고 물었고, 약혼자는 그것을 받아 와서 나에게 주며 색칠을 해달라고 했다. 미술 전공도 하지 않은 나는 황당하고 앞이 깜깜했다.

150센티미터 정도 되는 두 마리 용 그림을 보며 고민하다가 책방에 가서 르네상스 화가 중 레오나르도 다빈치와 미켈란젤로 책을 사 와서 며칠을 보고 또 보고 연구하여 색칠한 후 가게 주인에게 전달했다. 약혼자는 상점 주인이 그 그림을 자세히 살펴보더니 액세서리 부품 몇 가지에 한번 색칠을 해보라고 주었다며 나에게 에폭시 칠을 해달라고 했다.

처음으로 액세서리에 색칠해 보니 신기하고 재미도 있어서 집에서 열심히 칠해 주었다. 그랬더니 약혼자는 도매상인 반응이 엄청 좋았단다. 무엇보다도 주물로 된 입체감 있는 벽걸이 용 두

1   1. 1976년 처음 에폭시를 사용해 그린 황룡과 청룡
2   2. 처음 에폭시 코팅한 목걸이 펜던트

마리를 색칠한 것을 본 도매상인은 머리핀, 목걸이, 귀걸이 등 다양하게 일감을 주었다. 약혼하고 집에서 결혼 준비하는 중이라 심심하고 따분한데 소일거리가 생겨 정성껏 칠해서 보여 주었더니 상인은 무척 놀라고 감탄하였다. 내가 색칠해 준 액세서리가 남대문 도매상가에서 뜨거운 반응을 보이자 상가 대표님께서 직접 집으로 나를 찾아오셨다. 세계 최초로 에폭시 수지를 액세서리에 이용하게 된 것이다.

이 새로운 제품이 불티나게 팔리기 시작하자 남대문, 동대문 도매상들이 찾아오기 시작하였고, 소문이 퍼져 수출회사들까지 우리 집을 찾았다. 그렇게 난 결혼 전부터 집에서 두세 명의 직원을 데리고 부업으로 액세서리 반제품을 만들며 주얼리에 눈뜨기 시작하였고, 이는 집안 살림에 커다란 도움이 되었다.

이후 결혼과 출산으로 몸이 매우 쇠약해진 내가 더 일할 수 없어지자 남편은 회사를 그만두고 액세서리 공장을 맡아 운영하기 시작하였다.

주얼리 비즈니스를 권한 마트의 이야기를 들은 남편은 계속 나에게 한번 시도해 보라고 했지만 어릴 때부터 책 읽기와 회사 근무만 해온 나에게 무역, 수출, 디자인, 경영은 모두 말도 안 되는 일이라고 생각했다.

그날 이후 남편은 계속 적극적으로 "당신은 항상 미국, 유럽에 여행 가고 싶어 했으니 이 기회에 무역회사 하나 만들고 여권 만들어서 그토록 소원이던 외국 여행이나 하지 그래" 하고 권유했다. 나는 외국 여행이라는 소리에 귀가 솔깃해서 그만 덜컥 회사를 만들었다. 남편이 1천만 원을 주어 조그만 사무실도 얻었다. 이것이 보우실업의 창업자금이 될 줄이야.

보우(寶友) = 우정을 보석처럼 여기다
BOW(Rainbow) = 7가지 색상의 보석

보우실업이라는 회사 이름도 내가 직접 지어 사업자등록을 했다. 1985년 6월 10일, 그 시절엔 외국인 회사나 외국인 초청장이 없으면 여권 발급 자체가 불가능했기에 나에게는 절호의 기회여서 제일 먼저 여권부터 만들었다. 여권을 발급받으니 외국을 갈 수 있다는 생각에 마음이 부풀기 시작했다.

그런데 일본, 미국 그리고 유럽을 다니면서 난 관광은 하지 않고 엉뚱하게도 백화점을 다니며 주얼리 가게들만 돌아보았다. 특히 남편 공장에서 만들어 무역회사를 통해 외국으로 수출된 제품들이 어떻게 팔리고 있나 하고 모든 백화점 쇼핑몰을 뒤졌으나 고급 백화점 어느 곳에도 메이드 인 코리아 주얼리는 없었고, 겨우 찾은 곳이 길거리 좌판이나 슈퍼마켓 할인매장이었다.

"왜 한국산 주얼리는 고급 매장에서 못 파나?"

"왜 한국인은 고급 제품을 못 만들까?"

1. 1986년 10월 첫 일본 출장
2. 1인 회사 시절 10평 사무실에서 찍은 사진

한국에 돌아온 나는 주얼리에 관한 책을 여러 권 사서 주얼리 공부를 시작하였다. 한국에서 금·은 보석은 원자재가 생산되지 않아 경쟁력이 없기에 대부분의 주얼리 무역회사들이 기계 체인 종류와 기계로 찍어 내는 스탬핑 종류를 싼 인건비로 만들어 대량 수출하고 있었다. 특히 한국 기계 체인은 품질도 좋고 가격이 저렴해 전 세계에서 대단한 인기가 있어서 주얼리 수출의 80% 이상을 차지하고 있었다. 그리고 다행히도 이리(익산) 공단에서 나오는 큐빅(cubic zirconia) 커팅 기술과 품질이 세계적으로 인정받아 수출을 많이 하고 있다는 정보를 알았다.

'그래, 다이아몬드와 똑같은 공정으로 만든 큐빅을 금이나 은 대신 황동(brass)으로 만들어 보석이랑 똑같은 품질을 만들어 보자.' 브랜드 이름은 나에게 기회를 준 마트의 이름을 따서 마텔리(martelli)로 하기로 했다.

이렇게 결심하자 몇 년 전 내가 용 그림을 그릴 때 참고로 읽은 책 내용이 다시 떠올랐다. 34살의 조각가 미켈란젤로가 율리우스 2세의 강압으로 그 어려운 시스티나 천장화 〈천지창조〉를 고생 끝에 완성하고, 〈최후의 만찬〉까지 그려 세계 최고의 걸작을 만든 이야기가 내 머릿속에서 가슴으로 내려와 잠자던 나를 일깨운 것이다.

당시의 미켈란젤로와 같은 34살에 새로운 주얼리 비즈니스를 창업하자 나는 가슴이 뛰기 시작하였다. 주얼리 디자인을 정식으로 공부하지 않은 나는 관련 책을 사다 공부하면서 디자인 개발에 들어갔다. 남대문의 외국서적 전문 책방에 가서 수출용 디자인에 대한 책을 있는 대로 구입해 공부했다. 디자인을 공부하면서 외국 잡지들을 사다가 트렌드까지 살피며 어떠한 제품을 만들어야 하는지 결정을 내린 후 제품 개발에 들어갔다.

시작부터 엉뚱했고 처음 하는 디자인도 어려웠지만 처음 하는 개발은 더 어려웠다. 무엇보다도 대부분 주얼리 공장들이 싸구려 저가 제품만 취급하여 기계로 찍어 내는 프레스 제품이나 카피 캐스팅(주물, 鑄物) 그리고 체인 종류만 만들고 있었고, 고도의 기술이 필요한 제품을 만드는 공장은 거의 없을 뿐 아니라, 겨우 공장을 찾아도 내가 원하는 품질이 나오질 않았다.

나는 원하는 품질이 나올 때까지 매일 공장을 찾아가 지켜보고 짜증내는 기술자들에게 음료수와 과일 등을 사 들고 가서 사정했다. 아예 커다란 확대경을 들고 다니며 조그만 흠집 하나도 잡아내기 시작하니 나만 가면 징그러운 벌레 보듯 하던 사람들도 차츰 반가워하고 공장에서도 보우 제품을 특별 관리하면서 조금씩 품질이 나아졌다.

캐스팅 공장에서 잔뼈가 굵고 장인정신이 투철한 한 공장 사장님이 커다란 확대경을 들고 다니는 나를 오랜 기간 아무런 말씀도 없이 지켜보시고는, "내 나이 육십 평생 이 사업을 하면서 내 공장에서 확대경 들고 다니며 품질 검사하는 사람은 처음이오. 처음엔 며칠 저러다 말겠지 하며 지켜보았는데 보우 제품만 하라면 그토록 불만을 토로하던 우리 공장 사람들도 이제는 으레 확대경 품질에 맞추려고 노력하는 모습을 보고 나도 놀랐소. 당신이 우리 공장 품질을 올려놓았구려” 하시며 나만 가면 반가워하셨다.

샘플이 어느 정도 개발되자 코트라에 가서 수출하는 방법에 대해 상담을 하고 보우도 주얼리 수출회사로 등록했다. 나는 책을 좋아하고 낯가림이 심해 사람들과 쉽게 어울리지 못하는 성격에다 무역이나 수출에 대해 전혀 알지도 못하는 사람인데, 이 얼마나 엉뚱하고 황당한 일인가?

우공이산(愚公移山), 어리석은 사람이 산을 옮긴다.

내가 사용한 두 개의 확대경

애벌레로 살 것인가
나비로 살 것인가

"어떻게 하면 나비가 되죠?"

"날기를 간절히 원해야 해.

하나의 애벌레로 사는 것을 기꺼이 포기할 만큼 간절하게."

"죽어야 한다는 뜻인가요?"

"그렇기도 하고 아니기도 하지.

겉모습은 죽은 듯이 보여도 참모습은 여전히 살아 있단다.

삶의 모습은 바뀌지만, 목숨이 없어지는 것은 아니야.

나비가 되어 보지도 못하고 죽는 애벌레들하고는 다르단다."

— 트리나 폴러스,《꽃들에게 희망을》●

● 트리나 폴러스(2017), 《꽃들에게 희망을》, 시공주니어.

1986년, 고려무역(현재 무역협회, KITA)에 무역회원 등록을 마치고 주얼리 수출 사업을 하기로 마음먹고 주얼리 디자인에 이어 무역을 공부하기 시작했다.

하나하나 샘플도 만든 후 코트라에 찾아가 외국 주얼리 바이어 목록을 나라별로 받아와 내가 만든 샘플과 함께 세계 주얼리 바이어들에게 편지를 보냈다. 100여 개 회사 중 9개 회사에서 샘플을 더 보내라고 답신이 왔다.

신이 나서 다시 샘플을 보냈지만 단 1개 회사에서만 샘플 주문을 보내왔다. 처음에는 1%에도 너무도 감격하여 계속해서 한 달 동안 100개 회사의 외국 바이어에게 샘플과 편지를 보냈지만 별 반응이 없었다.

힘이 빠지기 시작할 즈음, 1986년 9월 초에 서울 코트라 본사에서 영국 맨체스터 바이어가 11월 초에 한국을 방문하니 공항에 가서 픽업해서 조선호텔에 묵게 하고 다음 날 미팅하라는 일정을 보내왔다.

2개월 후에 있을 첫 바이어 상담 준비는 결혼 준비하는 신부보다 더 설레고 두렵고 기대되었다. 거의 매일 밤샘을 하며 샘플 준비하고 10평 되는 사무실을 정리하고 또 정리했다. 1인 기업이라 혼자 북 치고 장구 치는 일의 연속이었다.

마침내 11월 초, 공항에 나가 '몬티 울프-보우'(Monty Wolfe-Bow)라는 팻말을 들고 서 있었더니 키 작은 영국 아저씨와 덩치 큰 아줌마 부부가 나에게로 다가오며 환하게 웃으셨다. 부부는 나에게 따뜻한 포옹과 키스로 인사한 후 예약된 조선호텔로 향했다. 두 달이나 영어학원에 다니며 밤낮으로 연습한 영어 문장은 전혀 기억나지 않고 아는 단어 몇 개로 간신히 대답만 하던 내게 여전히 공항에서 호텔까지 가는 길은 멀고도 멀었다.

조선호텔 체크인을 도와주고 집에 가려고 하자 "차 한잔하자"고 권하셔서 커피숍에 자리를 함께했다. 차를 마시는 동안 몬티 부부는 나에게 '사업한 지는 얼마나 되었냐', '몇 살이냐', '결혼은 했냐', '아기들은 있느냐' 등을 아주 친절하고 부드럽게 물으셨다. 사실은 나를 공항에서 보는 순간 너무 어려 보여 회사 직원인 줄 알았단다.

다음 날 새벽 사무실에 가서 상담할 준비를 다시 점검한 후 약속 시간보다 일찍 호텔에 가서 로비에서 기다리다가 두 분을 모시고 사무실로 왔다. 처음으로 하는 미팅이라 마음이 설레고 흥분되었지만 어설픈 나의 영어와 비즈니스 상담은 1인 회사의 사무실 분위기와는 관계없이 두 분이 도리어 나의 직원처럼 도와 주셔서 부드럽고 진지하게 진행되었다. "처음 시도하는 고급 제품이어서 조심스럽다"고 하시며 테스트 오더를 주는 것이 눈물겹도록 고마웠다.

아! 첫 미팅에서 주문을 받다니 …. 보우 창업 후 첫 미팅이라는 것을 아시고 용기를 주기 위해 배려했다는 걸 나중에 알았다.

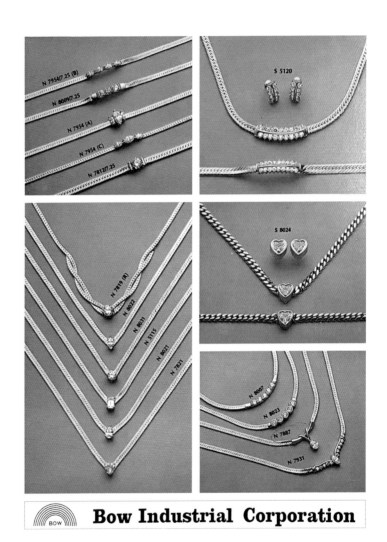

Bow Industrial Corporation

보우 첫 카탈로그

상담 도중 화장실에 간다고 하셔서 화장실로 안내했더니 수세식이 아닌 것에 당황해하셔서 회사 가까이에 있는 우리 집으로 모시고 가 해결하는 해프닝도 있었다.

첫 미팅을 마치고 호텔로 가는 차 안에서 부부는 시간이 되면 다음 날 한국에 있는 다른 회사 미팅도 함께 다니자고 하여 이틀을 따라다니며 도와드렸다. 한국에서 모든 상담이 끝난 후, 두 분이 영국으로 떠나기 전날 함께 저녁 식사를 했다. 부부는 다른 회사 상담을 함께하자고 한 건 이제 시작하는 병아리 사업가인 나에게 보우보다 훨씬 먼저 시작한 경험 많은 회사 제품들을 보여주고 싶어서였다며, 유럽 시장에서 한국 브랜드 고급 패션 주얼리를 인정받으려면 시간이 아주 많이 필요할 것이라고 조언까지 해주셨다.

머나먼 영국에서 오랜 시간 비행기를 타고 오셔서 처음 소개받은 회사가 갓 시작한 왕초보에 1인 회사라 얼마나 실망스럽고 소개해 준 코트라에 화가 났을까 싶지만, 두 분은 전혀 내색하지 않고 밝은 표정으로 자기 직원처럼, 딸처럼 자상하게 가르쳐 주셨다.

영국에 돌아가신 후 테스트 오더 선적 후에도 재오더가 거의 두 달에 한 번씩 오곤 하여 두 분은 처음 시작한 나에게 커다란 힘과 용기를 주셨다. 이후에도 몬티 부부는 매년 두 번 한국 방문 때마다 사업 초보자인 나에게 상담하는 요령, 가격 내는 방법 등

1

―――

2

1. 1986년 11월 조선호텔에서 울프 부부와의 첫 만남

2. 2019년 7월 스코틀랜드에서 대통령과의 스웨덴 순방을 마친 후 만난 몬티 울프.
   37살이었던 나는 1986년에 그를 처음 만났고 지금 우리는 할머니, 할아버지가
   되었다.

을 알려 주시고, 특히 한번 제시한 가격을 번복하는 실수를 줄이기 위해 생산 과정에 복병이 항상 숨어 있음을 고려하여 넉넉한 가격을 제시하라고 조언까지 해주셨다.

그리고 보우 제품은 한국에서 거래하는 다른 주얼리 업체와는 전혀 중복되지 않으므로 보우에게 5개 다른 회사 제품의 품질검사를 맡기시면서 제품의 품질 보는 법과 잘못된 점을 찾아내는 방법도 가르쳐 주시고 에이전트 수수료까지 챙겨 주셨다. 이는 나에게 다른 회사 제품 품질도 보고 수익도 얻을 수 있는, 일석이조보다 더 좋은 기회였고, 1인 회사에서 한 명의 직원을 채용하는 계기도 되었다.

나는 어느새 몬티 부부를 부모같이, 가족같이 의지하며 스승을 대하듯 열심히 배웠다. 자상하신 부부는 매번 한국을 방문할 때마다 우리 가족 선물을 준비해 오시거나 우리 아이들을 백화점에 데려가 선물을 사주시곤 하셨다.

유치원 다니는 딸 선정이가 그림 그리기를 좋아하는 것을 아시고는 직접 백화점에 데리고 가서서 이젤을 사주셨는데 그것이 선정이에게 첫 이젤이었다. 그 뒤 딸은 자라서 영국에서 대학을 다니며 디자인 공부를 하여 석사 학위를 받았다.

항상 한국 방문 때마다 우리 가족 모두를 호텔로 저녁식사에 초대하곤 하신 울프를 우리 두 아이는 "울프 할아버지"라고 불렀다. 언제나 딸처럼 자상하게 비즈니스를 가르쳐 주시고 배려해 주신 몬티 울프는 나의 비즈니스 사부이자 가족 같은 분이셨다.

현실의 안락함을 포기할 정도로 간절히 원한다면
누구나 원하는 것을 얻을 수 있다.

첫 유럽 출장에서의 우여곡절

1년 동안 500여 개 회사에 편지를 보냈지만 반응을 보이는 회사가 별로 없어서 코트라에 가서 상담한 후 1987년 3월 코트라를 통해 첫 유럽 세일즈 출장을 갔다. 런던과 밀라노 코트라로부터 미팅할 수 있는 바이어 명단을 받고 호텔 예약까지 도움을 받았다. 이탈리아어를 전혀 못하는 나에게 밀라노 무역관은 통역원까지 수배해 주었다.

첫 번째로 도착한 영국 런던, 미팅 날 아침에 일어나 뉴스를 보니 100년 만의 폭설로 도시의 모든 교통이 마비되어 난리가 났다. 호텔 비즈니스 라운지에서 만나기로 한 바이어에게 폭설로 교통이 마비되어 갈 수가 없으니 다음으로 미루자는 전화가 왔다. 한국에서 몇 달을 준비하여 20시간을 넘게 비행기 타고 왔는데 다음으로 어찌 미루겠는가? 목마른 사람이 샘 파야지. 내가 찾아간다고 하니 바이어는 마지못해 전철역에 마중 나갈 테니 오라고 했다. 태어나 처음 타 보는 전철, 내 몸무게의 절반인 20킬로그램의 샘플 트렁크는 어찌나 무거운지.

말도 안 통하는 영국 런던에서 처음으로 미팅을 위해 전철을 타고 바이어가 가르쳐 준 역을 찾아갔다. 하지만 그 역에 정차하지 않는 노선을 잘못 타서 무거운 가방을 끌고 계단을 오르내리며 이리저리 헤매다 10시 약속인데 12시 넘어서 겨우 도착했다.

기다리다가 돌아갔겠구나 싶어 실망하며 역 안을 두리번거리는데 키가 크고 약간 마른 체형의 인도 아저씨가 텅 빈 지하철역에 서 있다가 내게 다가왔다. 바이어는 기다리다가 카페에서 차를 한잔 마시고 돌아가는 길에 혹시나 해서 다시 역에 왔단다. 그래도 2시간이나 기다려 준 바이어는 갑작스러운 폭설 때문에 아무도 출근하지 않은 자기 회사 사무실로 안내하고 뜨거운 커피와 쿠키를 나에게 권했다. 무거운 가방과 추위에 고단했던 나는 꽁꽁 언 몸과 낯선 분위기도 녹일 겸 빈속에 따뜻한 커피를 마셨는데, 조금 지나자 손이 덜덜덜 떨려 상담 중이었던 바이어와 나는 당황했다.

아무리 따뜻한 난로에 가서 주물러도 손은 계속 떨리고 나중엔 턱도 잘 움직이지 않는 것 같아 얼마나 불안했는지, 화장실에 가서 거울을 보니 입술도 살짝 떨리고 있었다. 첫 해외 출장의 긴 비행시간과 추운 날씨 그리고 너무 긴장한 몸에 들어간 카페인 탓이었나 보다. 너무 당황스러워 화장실에서 뜨거운 물에 손을 비

벼 대기도 했지만, 소용이 없었다.

결국 손이 떨려서 글씨를 쓸 수가 없어 상담 내용을 바이어 보고 적어 달라고 부탁하였다. 바이어도 처음 만나는 내가 커피 마시고 손 떠는 모습을 안타까운 시선으로 바라보았다. 잘 알지도 못하는 코리아 서울에서 너무도 어설픈 병아리 여성 기업인이 미팅을 하겠다고 그 먼 길을 혼자서 무거운 샘플 가방을 들고 폭설 속에 찾아온 것에 감동했다며 친절하게 테스트 오더를 주며 서둘러 상담을 마쳤다.

이후 바이어는 가까운 카페로 데려가 따뜻한 수프와 샌드위치를 사주었고 나는 비로소 떨리는 몸을 풀 수 있었다. 그는 내가 처음 전철을 탔다는 것을 알고 깜짝 놀라며 전철역에서 표도 사주고, 어떤 라인 전철을 타야 런던에 있는 나의 호텔 가까운 역까지 가는지 가르쳐 주면서 내가 제대로 전철 타는 것까지 확인한 후 떠났다.

영국에서의 첫 미팅은 눈물겨웠지만 그를 통해 나는 많은 것을 느끼고 배웠다. 눈보라가 몰아치는 추운 영국에서 무거운 샘플 트렁크를 들고 낯선 외국 전철역을 헤매던 기억은 지금도 가끔 악몽으로 나타나곤 한다.

다음 날 런던 시내에서 만난 바이어는 더 황당하였다. 바람 부는 눈길에 택시를 타고 1시간 넘게 걸려 찾아갔는데 키가 작고 까무잡잡한 인도계 바이어는 가지고 간 샘플을 쓰윽 둘러보더니,

"샘플은 좋아 보이는데 우리가 한국 업체들과 오랫동안 거래를 해 봐서 잘 알지만, 한국에서 이런 품질의 생산은 믿을 수 없다"며 미팅 시작한 지 5분도 안 되어 자리에서 일어나 가버렸다. 나는 눈물이 핑 돌았고 맥이 풀리면서 다리 힘이 쭉 빠졌다. 추운 날씨에 먼 곳까지 찾아오느라 언 손발이 아직 녹지도 않았고 따뜻한 차 한 모금도 마시지 못했는데 ….

혼자서 샘플 가방을 싸노라니 어찌나 서러운지, 갑자기 언제나 나를 여왕처럼 대해 주는 남편과 사랑스러운 아이들이 보고 싶어 눈물이 났다. 미팅을 허탕 치고 돌아오는 길에 런던 코트라에 들러 이 회사에 대해 이야기했더니, 그곳은 영국에서 대단히 큰 액세서리 도매상이고 한국 회사와 오랫동안 거래해서 한국 주얼리 업체 제품 품질에 대해 많이 알고 있는 회사라고 하였다.

세 번째 날 만난 인도계 바이어는 부부가 회사를 운영하고 있었는데 "코리아와 보우라는 회사는 잘 모르지만 한국 정부가 소개한 업체라 믿는다"며 부모처럼 아주 친절하게 대해 주면서 테스트 오더를 주어 그나마 위안을 받았다. 영국에서 3일간 만난 세 바이어 모두 인도계 사람이었다. 영국에 오면서 한국에서 만났던 몬티 울프 같은 사람을 기대했던 나의 상상과 기대는 현실과 크게 달라, 고무풍선에 바람 빠지듯이 나를 비틀거리게 했다.

3일간 영국 출장을 마치고 이탈리아 밀라노 미팅을 위해 공항으로 가던 중, 다시 내린 눈으로 도로가 마비되어 5시간을 늦는

1987년 3월 첫 런던 출장 중 코트라 사무실에서

바람에 비행기 시간을 놓쳐 다시 런던에 있는 호텔로 돌아오고 말았다. 그다음 날 겨우 밀라노에 도착하니 마침 세계 가죽 제품 전시회가 열리고 있어서 내가 예약해 놓은 방이 사라져 버렸다.

나는 밀라노 코트라의 도움을 받아 밀라노 시내에서 멀리 떨어진 지역의 조그맣고 아주 오래된 호텔에 겨우 묵게 되었다. 그 호텔 방은 난방도 좋지 않고 히터 소리는 엄청나게 시끄러워 잠을 잘 수가 없었다. 결국 앉아서 밤을 새우다시피 해서 다음 날 몸살이 났다. 두통과 몸살을 진통제로 달래며 처음 하는 상담은 한마디로 눈물겨웠다.

대부분의 바이어들이 샘플은 좋다고 하면서도 품질을 의심하여, 나는 샘플 오더를 해보고 생산품이 맘에 들지 않으면 돈을 지급하지 않아도 된다고 사정하여 겨우 샘플 오더만 받기도 했다.

다음 날은 밀라노 시장 조사만 남았고 감기몸살로 목이 부어올라 말소리도 제대로 나지 않았다. 더 이상 그 춥고 낡은 호텔에서 잠을 잘 수가 없을 것 같아 그날 밤 비행기로라도 한국으로 돌아가려고 통역원에게 부탁하여 여행사를 찾아갔다. 비행기 좌석은 완전 매진이었다. 다음 날 외에는 자리가 없어서 겨우 그것으로 바꾸고 통역원과 호텔 걱정을 하며 여행사 직원에게 밀라노에 있는 호텔을 찾아 달라고 부탁하고 있을 때 옆에서 듣고 있던 한 한국 신사분이 "몸도 많이 좋지 않으신 것 같은데 제가 묵고 있는 호텔이 밀라노 시내에 있으니, 제가 직원이랑 함께 자고 제 방을 드릴 테니 저희 호텔로 가시죠?"라고 했다.

처음 보는 사람이 방을 준다는 것이 마음에 내키지 않았지만 어쩔 수 없었다. 그는 한국에서 가죽 공장을 하며 가죽 제품 전시회에 참가 중이라며 명함을 주면서 "외국에 나와서는 서로 도와야 합니다"라고 했다. 타국에서 이런 친절한 분을 만난 것도 대표님 복이라며 빨리 옮기자는 통역원의 재촉에 고맙다는 인사를 수없이 하며 통역원과 짐 가방을 가지고 그 호텔로 갔다.

그 신사는 호텔 방 키를 주고 손님이랑 식사한다며 나갔고 우린 고마움에 감탄을 하며 방에 짐을 풀었다. 통역원이 저녁 식사를 한 후 돌아가고 밤 12시가 넘어서 막 잠이 들려고 하는데 누군가 문을 두드려 나가 보니 그 신사였다. 자기 직원이 전시장에서 이탈리아 여자를 사귀어 함께 자야 한다기에 자기가 잘 곳이 없어서 왔단다.

이 얼마나 황당한 일인가! 밤 12시가 넘었는데, 나는 어이가 없었다. 잠깐 기다리라고 하고 옷을 갈아입고는 핸드백만 들고 나와서 프런트에 가서 빈방이 있는지 알아보고 오겠다며 로비로 내려갔다. 물론 방은 없었다.

나는 그날 로비에서 밤을 새워야 했다. 로비에서 계속 뜨거운 차만 마시고 있는 나를 본 호텔 당직자가 나중엔 나를 수상하게 보는 것 같아 상황을 설명했더니 아마 그 남자가 의도적으로 그런 것 같다며 안타까워했다. 나는 낯선 타국인 이탈리아 밀라노의 어느 호텔 로비에서 감기몸살로 오들오들 떨었다. 긴긴 겨울밤을 따듯하고 포근한 내 집 침대와 우리 아이들의 밝고 사랑스러운 얼굴을 그리며 길고 긴 기도로 아침을 기다렸다.

늦은 밤이 되어 카페도 문을 닫고 이름 모를 음악만이 아무도 없는 로비에 흘러나오자 호텔 당직자는 담요 한 장을 내게 가져다주었다. 아! 나도 모르게 감탄사가 절로 나왔다. 그 순간 담요 한 장의 따듯함이란 세상을 다 덮을 만큼 값지고 따듯한 마음이 아닌가! 밖에는 여전히 하얀 눈이 바람과 함께 펑펑 내리고 있었다.

아침이 밝아 오자 호텔 직원과 함께 룸으로 가서 짐 가방을 챙겨 나와 공항으로 향했다. 한국에 돌아와서는 가족에게도 직원에게도 이 사실을 말하지 않았다. 지금도 감기몸살 아픈 몸으로 호텔 로비에서 길고 긴 겨울밤을 새웠던 일은 너무 눈물겹고 아픈 기억으로 남아 있다.

밀라노에서의 첫 출장은 별 성과 없이 힘들게 고생만 한 것 같았지만 훗날 나에게 아주 귀중한 선물을 주었다. 바로 첫날 밀라노에서 미팅한 바이어였다.

그날 미팅은 바이어 사무실에서 진행했는데, 그곳은 무척 오래된 작은 주택이었다. 내가 가지고 간 샘플을 둘러본 바이어는 나를 자기 회사 창고인 지하실로 데리고 갔다. 지하실 창고에는 낡고 오래된 캐비닛이 아주 많이 있었는데 그 캐비닛 속에는 100년, 200년 전 주얼리 디자인들이 있었다. 그는 그곳에서 몇 가지 디자인을 나에게 보여 주면서 이렇게 만들 수 있냐고 물었다.

그 회사는 200년 동안 가족 대대로 내려오면서 모든 디자인을 연대별로 보관하고 있었다. 처음 상담할 때에는 첫 미팅이라 얼떨떨하여 그저 200년 된 디자인이라는 것에 놀라기만 하였는데 세월이 지나면서 그 회사의 오래된 역사를 보관하는 모습이 머리에서 사라지지 않았다. 그 후 나는 회사가 자리를 잡으면서 그동안 보우가 개발한 모든 디자인 제품들을 연대별로 보관하는 습관이 생겼다. 30년 이상 디자인, 개발한 제품을 보관하였더니 패션 주얼리 박물관을 해도 될 정도다.

첫 영국과 이탈리아 출장에서 받은 테스트 오더 제품을 정성을 다해 샘플보다 더 좋은 품질로 만들어 보냈더니 바이어들의 반응이 조금씩 좋아지면서 작지만 지속적으로 주문이 왔다. 이렇게 한 명씩 바이어에게 품질에 대한 신뢰를 쌓기 시작하니 고정 바이어가 하나씩 생기게 되었다. 첫 유럽 출장인 런던과 밀라노 미팅에서 나는 바이어들이 코리아라는 나라조차 모른다는 점에 큰 충격을 받았고, 그렇게 대단하고 자랑스럽던 한국이 너무도 작게 느껴지며 그동안 우물 안 개구리처럼 살았던 나 자신도 부끄러웠다.

타국 공항이나 길거리에서 삼성, 금성(현재 LG), 현대의 간판을 보면 눈물 나도록 반가웠고 고마웠다. 외국에 나와 외국 사람과 경쟁하면서 우리나라에 대한 고마움과 애국심이 저절로 생기는 것을 느꼈다. 한국을 알릴 수 있는 유일한 자부심으로 1988년

보우 제품 쇼케이스.
1987년 3월 첫 유럽 출장 중 만난 밀라노 바이어가 200년간 패밀리 비즈니스를
이어오며 그간의 디자인을 모두 보관해 둔 것을 보고 구상했다.

에 올림픽을 개최하는 나라가 코리아라고 당당하게 말할 수 있다
는 점이 무척이나 자랑스럽고 고마웠다.

자신의 능력을 믿어라.
실패를 두려워하면 도전할 수 없고
도전과 모험 없는 탁월한 성공은 불가능하다.

카르페 디엠(Carpe Diem),
이 순간 최선을 다하자

1987년 초에 혼자 출장을 다니다 비행기가 밤에 도착하면 공항에
서 호텔까지 택시를 타고 갈 때 낯선 길이라 혹시 납치라도 당할
까 봐 두려웠고 호텔에 도착할 때까지 마음 졸였다. 낯선 외국 호
텔 방에서도 무서워서 문을 이중으로 잠가도 안심되지 않아 방 안
에 있는 테이블과 의자를 문에다 갖다 놓기도 했다.

그러던 중 코트라에서 중소기업인들의 해외 진출을 위해 진행
하는 해외 시장 개척단이 있다는 소식을 들어 지원했고, 1987년
후반부터는 코트라에서 주관하는 모든 세계 주얼리 전시회와 해
외 시장 개척단에도 참가하였다.

상상 이상의 성과를 얻다

1987년 10월 동남아 해외 시장 개척단

1987년 10월, 동남아(싱가포르, 인도네시아, 말레이시아) 해외 시
장 개척단에 처음 참가하였다.

첫 방문국인 싱가포르는 포르투갈, 네덜란드, 영국 등에 지배
당하다 1965년에 독립했다. 이후 숙련 노동력 창출과 종족 간 갈
등 완화를 위해 전 국민 영어 교육과 택스 홀리데이(tax holiday)
를 실시했고, 동남아에서 최고 부국이 되어 선진국 진입을 앞두
고 있었다.

첫 미팅에서 만난 스티브(Steve)는 영국계 뉴질랜드 사람으로
그 당시 영국 브랜드였던 골드 링크(Gold Link) 주얼리를 동남아
6개국에 지사를 두고 백화점 매장을 운영하며 판매하고 있었다.
이곳은 현재 홍콩에 본사가 있는 회사로, 주로 한국에서 고급 반
제품 체인을 수입하고 홍콩에서 도금하여 동남아 백화점 매장에
서 고객 맞춤으로 즉석에서 목걸이나 팔찌, 귀걸이를 만들어 팔
고 있었다.

스티브는 싱가포르 첫 미팅부터 아주 호응이 좋았다. 처음엔
백화점 프로모션 제품을 한두 가지 주문하더니 프로모션 제품이
점점 인기가 높아지고 보우의 품질과 신용을 인정하자, 모든 제
품을 보우에서 완제품으로 생산하는 제 1의 비즈니스 파트너가

1987년 첫 동남아 시장 개척단(싱가포르, 인도네시아)

되었다. 또한 보우와 개발한 기획 상품마다 백화점에서 대히트하여 회사가 날로 커지면서 보우와는 깊은 신뢰와 우정이 쌓인 든든한 동반자가 되었다. 스티브는 지금까지 36년이 넘게 거래하는 가장 오래된 바이어이자 든든한 친구이다.

다음 방문국은 인도네시아 자카르타였다. 1956년에 네덜란드로부터 독립한 인도네시아는 땅이 넓지만 거리에는 구걸하는 사람이 많고 지저분하여 질서가 잘 지켜지지 않았다. 그래도 가는 곳마다 젊은 인파를 보니 인적 자원이 많은 것 같고 천연자원도 풍부하여 희망이 있어 보였다.

자카르타에서 미팅한 마돈나 그룹(Madonna Group)은 인도네시아 전역의 백화점에 매장을 가지고 있는 큰 회사였다. 사장인 마돈나는 보우 제품에 커다란 관심을 보이더니 나를 회사로 데려가 회사 규모를 보여 주고, 사설 경비가 있는 어마어마하게 크고 화려한 자택으로 데려가 다과와 차를 대접하며 인도네시아 독점을 요구하면서 즉석에서 거래를 계약했다.

싱가포르, 인도네시아, 말레이시아 등 가는 곳마다 나라는 다르지만 대부분 회사 대표들이 중국 화교인 것에 놀랐고, 유럽과는 달리 한국 브랜드를 선호하고 한국 제품의 품질을 인정해 주는 데 감명을 받았다.

한국 정부 산하기관인 코트라의 힘으로 첫 진출한 동남아 시장에서 보우는 함께한 다른 회사들보다 상상 외로 큰 성과를 거두었

1987년 10월 마돈나 그룹 회장과 함께

고, 개인적으로 엄청난 용기와 도전 의욕을 가지게 되었다.

낯선 문화와 만나다
1988년 6월 북유럽 해외 시장 개척단

1988년 6월에는 북유럽 해외 시장 개척단에 참가하여 벨기에, 독일, 덴마크, 영국 바이어들과 미팅했다.

영국에서는 헤롯(Harrods) 백화점과 상담하는 기회를 가졌다. 한국 코트라의 끈질긴 노력 끝에 겨우 미팅은 했지만 헤롯백화점 구매 담당은 별로 큰 관심을 보이지 않고 품질을 먼저 테스트해 보겠다며 샘플만 주문하고 끝났다.

다음은 벨기에로 갔다. 오스트리아, 네덜란드, 스페인, 프랑스, 독일 등 주변 국가의 지배를 받았던 벨기에를 나는 홍콩이나 싱가포르 같은 중계무역국으로 생각했는데, 막상 가보니 정반대로 보수적이고 조용한 나라로 보였고, 상담한 바이어는 나처럼 젊은 여성이어서 인상 깊었다. 당시 바이어 대부분이 나이 많은 남자로 여자 디자이너를 동반하곤 하여 내가 명함을 주면 갸우뚱하는 모습에 당황했는데, 그런 나에게 코트라 직원이 유럽에도 한국처럼 아직 글로벌 비즈니스를 하는 여자 대표가 드물다고 귀띔해 주었다.

처음으로 독일 함부르크에 출장 가서 찍은 사진

1

2 | 3

1. 벨기에 페어에서
2. 덴마크 인어공주 동상 앞에서
3. 덴마크 코펜하겐에서 진행한 미팅

이후 독일 함부르크에서 미팅을 마치고 덴마크로 이동했는데, 이때 함부르크 기차역에서 기차를 탄 채로 배에 탑승하는 신기하고 짜릿한 경험을 하였다. 배가 출발하자 많은 사람들이 기차 안에서 배 갑판 위로 나와 시원한 바다를 바라보는 장면이 너무도 신기하고 멋있었다.

덴마크 코펜하겐 상담이 끝나자마자 나는 개척단 동료들에게 동화책에서만 보았던 인어공주 동상을 보러 가자고 하였다. 어릴 때 읽었던 동화책 내용을 상상하며 찾아간 코펜하겐 바닷가에는 80센티미터가량의 작은 동상만이 썰렁하게 있어서 스토리의 힘이 어마어마하다는 것을 깨달았다.

역사의 현장을 찾아가다
1989년 4월 남유럽 출장

1989년 4월에는 스위스를 거쳐 이탈리아 베네치아로 갔다. 책에서만 보고 꿈에 그리던 베네치아는 환상적인 물의 도시였다. 나는 사업을 하기 전인 30대 초반에 중국 역사에 빠져 있었다. 그때 나는 아시아와 유럽까지 정복한 칭기즈 칸과 원나라를 세운 그의 손자 쿠빌라이 칸에 대해 탐독했는데, 당시 쿠빌라이 칸을 도와줬던 베네치아 거상 니콜라 폴로와 마르코 폴로를 통해 베네치아를 처음 알게 되고 그 환상적인 모습에 매료된 적이 있어서 꼭 한 번 와보고 싶은 도시였다.

소설 《베니스의 상인》의 배경인 수상도시 베네치아에서는 모든 교통수단이 물 위에서 운행되었다. 베네치아는 5세기경 훈족의 침입을 피해 바닷가 석호 갈대 늪에 백양목 말뚝을 박고 세운 118개의 인공 섬과 400개의 다리로 이루어진 수상도시로, 동방과의 후추 무역 독점 덕분에 르네상스 시기 세계 최고의 부자 도시가 된 곳이다. 생선과 소금뿐인 자원으로 이토록 눈부신 발전을 이룬 베네치아를 보는 내내 자원이 없는 한국이 벤치마킹해야 할 곳이라는 생각이 머릿속에서 사라지지 않았다.

나폴레옹이 베네치아를 정복한 후 유럽에서 가장 아름다운 살롱(응접실)이라고 말한 산마르코 광장과 산마르코 대성당의 우아함과 웅대함은 나를 흥분의 도가니에 빠뜨렸다.

무엇보다도 오후에 방문한 무라노섬의 유리공예 공장에서 본 신비스러운 유리공예와 다양한 색채는 황홀했다. 이때 유리공예 공장에서 본 다양하고 신비스러운 색채는 몇 년 후 내가 유리에 다이아몬드 커팅하는 방식과 천연 보석의 색상을 내는 방식을 세계 최초로 개발하는 데 커다란 도움을 주었다. 이때 베네치아 유리공예 공장에서 다양한 색채를 보지 못했으면 과연 빨강, 노랑, 파랑, 초록 등 단순한 컬러만 있던 유리로 천연 보석 컬러를 낼 생각을 할 수 있었을까? 이 유리 개발은 보우가 세계 유명 브랜드 제품 생산에 성공하는 데 크나큰 역할을 한 것이다.

다음 행선지인 그리스 아테네에 도착하자 때 아닌 비가 왔는데, 이 때문에 다음 날 호텔에서 예정한 비즈니스 미팅을 많은 사람들이 취소하여 무척이나 당황하였다. 한국 장마 같은 폭우도 아닌데 비 좀 많이 왔다고 하수도가 넘치고 도로가 잠겨 꼼짝 못하고 TV 뉴스에서는 하루 종일 호들갑을 떠는 게 당최 이해되지 않았다. 그리스는 비가 자주 오지 않고 와도 많이 오지 않아, 이때가 몇십 년 만에 온 장대비였다고 한다.

그래도 다행히 나와 약속한 헬렌(Helen)이라는 바이어가 빗속을 뚫고 상담장에 나타나서 처음으로 계약을 맺었다. 이에 함께 갔던 다른 사장님들이 무척 부러워하기도 했다.

마지막 날은 내가 그토록 보고 싶었던 그리스 파르테논 신전과 아고라 광장을 관람하였다. 그리스는 2,700년 전에 고대 올림픽을 개최한 나라이자 세계적인 철학자를 배출한 나라이다. 고교 시절 나는 4대 성인 중 한 명인 소크라테스에 관한 책을 보다가 그의 제자 플라톤과 플라톤의 제자 아리스토텔레스에게 빠진 적이 있어 두 곳에 꼭 가보고 싶었다.

"아고라 광장이 소크라테스를 낳고, 소크라테스가 민주주의를 낳았다"는 아고라(Agora: 시장, 사람이 모이는 곳) 광장에 서서 토론, 재판, 상업, 사교, 소통을 하며 첫 민주주의 씨앗을 틔운 이들의 위대한 숨소리를 느꼈다. 황금 비율로 인간의 고귀함과 민

1

2

1. 산마르코 광장 앞에서 흥분의 도가니에 빠진 내 모습
2. 민주주의에 대한 자부심과 긍지를 담아낸 그리스 파르테논 신전 앞에서

주주의에 대한 자부심과 긍지를 담아낸 파르테논 신전을 앞에 두고 그리스의 위대한 옛 문화를 보면서 왜 그리스인들을 논쟁을 좋아하는 게으른 민족이라고 하는지 이해가 되지 않았다.

멍청한 고집

1989년 가을 어느 날, 런던 코트라에서 연락이 왔다. 유럽에서도 가장 고급 백화점인 영국 헤롯백화점에서 보우 제품이 품질 테스트에 합격하여 거래하고자 하니 속히 런던으로 오라고 했다. 헤롯백화점과 미팅 후 수 차례 샘플을 보냈는데 소식이 없더니, 드디어 좋은 낭보가 영국에서 날아와 꿈을 꾸는 듯한 마음으로 런던에 갔다. 런던 코트라도 한국 제품이 영국 헤롯백화점에서 팔리게 되었다고 관장님을 비롯한 모두가 기쁨과 흥분 상태였다.

거래를 계약하는 날, 계약서에 "보우 제품은 헤롯(Harrods)이라는 브랜드로 들어와야 한다"고 명시되어 있어서 "왜 보우 브랜드(martelli)로는 안 되냐"라고 물었더니 "세계 갑부들이 몰려와서 쇼핑하는 세계 명품 백화점 헤롯에서 알려지지도 않은 아시아 코리아 브랜드를 팔 수는 없다"며 당연하다는 듯 너무도 단호하게 나왔다.

계속 보우 브랜드를 고집하는 나를 백화점 구매 담당은 아주

골드 링크 런던 바이어와 미팅 중 찍은 사진

이상한 동물 쳐다보듯이 하더니 도무지 이해되지 않고 시간만 낭비했다는 듯 화를 내며 벌떡 일어나 나갔다. 계약이 무산되자 런던 코트라에서도 우선 거래부터 시작하고 천천히 보우 자체 브랜드를 관철하자고 제안했으나 난 물러서지 않았다.

명품 백화점과 거래가 된다는 반가움에 20시간을 비행기 타고 먼 런던까지 갔건만 나의 무모한 고집으로 거래는 성사되지 않았다. 얼마나 어리석은 일인가. 이때 일단 거래를 시작했으면 이곳에서 인정받아 유럽 커다란 백화점과의 거래가 쉽게 연결되었을 텐데, 현실을 직시하지 못하는 바보 같은 나의 행동과 고집으로 귀한 기회를 놓치다니 …….

그 이후에도 나의 브랜드 고집으로 유럽 여러 나라에서 커다란 회사와의 비즈니스가 성사되지 않았고 그럴 때마다 난 아주 이상한 사람으로 취급받았지만, 난 나의 브랜드를 포기할 수 없었기에 이를 허락하는 작은 바이어들하고만 거래하게 되었다. 일단 거래가 되면 "코리아에서도 이런 디자인, 이런 품질이 가능하구나"라는 소리를 들으며 신뢰를 쌓기 시작하였다.

사우디아라비아에서
여성 기업인으로 살아남기
1989년 11월 중동 해외 시장 개척단

1989년 11월 중동 해외 시장 개척단에 참가했을 때다. 아랍에미리트와 요르단을 거쳐 사우디아라비아 제다 공항에 도착한 후 공항 출입국에서 이런 말을 들었다. "외국 여성은 부모나 남편 없이 입국할 수가 없습니다. 기업인이라도 안 됩니다. 돌아가셔야 합니다."

열다섯 명의 남자 단원들은 통과했는데 여자인 나만 공항에 잡혀서 한국으로 되돌아가야 한단다. 너무도 어처구니없는 일이 벌어진 것이다. 사우디아라비아 비자를 받을 때 단체로 받아서 여자 한 명이 섞여 있는 것이 발견되지 않았던 것이다.

혼자 잡혀 있는 동안 생각해 보니 시장 개척단을 마중 나온다는 사우디아라비아 제다 코트라 관장님이 영국 런던 코트라에서 뵌 적 있는 김 관장님인 것이 떠올랐다. 얼른 입국 담당자에게 가서, "내 삼촌이 도착 게이트에서 날 기다리고 있다. 데려와서 증명하겠다"라고 말하고는, 여권을 맡기고 나가 김 관장님을 모시고 와서 삼촌이라 하고 겨우 입국 허락을 받았다.

호텔에 도착하니 공항에서 연락을 받아 차도르가 준비되어 있었고 "절대 차도르를 입지 않고 외출하지 마라. 사우나탕은 사용하지 마라. 호텔 수영장도 오후 12~4시까지만 사용하라"는 등 가족 없는 여자 혼자라고 호텔에서도 동물원 원숭이 보듯 하고 이것저것 제한이 많았다.

우리 일행이 떠나는 날 사우디아라비아 신문에는 "한국 여성 기업인이 가족의 보호 없이 입국하다"라는 제목의 기사가 났다. 아마도 나의 사건 이후 사우디에서도 외국 여성 기업인의 가족 보호 없는 입국을 허락한 것 같다.

비즈니스 미팅을 마친 마지막 날 사우디아라비아 국제부장의 초청으로 그의 집에서 만찬을 하는데, 사막 한가운데 하얀 성 같은 저택에 엄청나게 많은 나무가 우거진 커다란 정원이 있어서 놀랐고, 집 안에 있는 네 부인의 화려한 옷과 주얼리 장식이 너무나 인상 깊었다. 중동 여자들이 밖에 외출할 때는 온몸을 감싸고 다니지만, 집 안에서는 일반인보다 더 화려한 옷과 장신구로 치장한 모습을 보고 중동 시장에 커다란 매력을 느꼈다.

1
2

1. 사막 한가운데 자리한 오아시스
2. 그림 같은 사막 모래 속에서

유럽이 독점한 주얼리 전시회에
도전장을 내다

1990년 9월 프랑스 파리 비조리카 전시회

1990년 9월, 프랑스 파리에서 열리는 주얼리 전시회인 비조리카 전시회(Bijorica Fair)에 참가하려고 참가 신청서를 냈더니 "아시아 회사는 참가 신청서를 받지 않는다", "한국 회사가 무엇을 보여 주려고 하느냐"며 단호하게 거절했다. 신청서와 함께 보우 카탈로그도 보냈지만 완강하게 거절당했다.

나는 참을 수가 없어서 프랑스에 있는 한국 대사관과 코트라에 도움을 청했다. 처음에는 이름도 없는 아시아 국가 브랜드를 참여시키면 전시회 이미지와 격이 실추된다며 반대하던 전시회 주최 측은 한국 대사관과 코트라의 끈질긴 노력에 못 이겨 겨우 전시장 부스를 허락했다. 그러나 사람도 잘 다니지 않는 화장실 입구에 부스를 배정했으며, 전시장에서 제품을 전시하고 있노라니 전시관 담당자가 와서 "절대 전시장에서 물건을 팔지 말라. 팔면 당장 철수시키겠다"고 으름장까지 놓고 갔다.

유럽과 미국 업체들이 독차지한 유럽 전시장에서 우여곡절 끝에 화장실 입구 귀퉁이에 생뚱맞게 홀로 마련된 나의 전시 부스는 초라하고 눈물겨웠지만, 몇몇 사람들은 가끔 호기심으로 들어와 둘러보고 고개를 갸우뚱거리다 가격을 물어보고 품질을 살피며

파리 비조리카 전시회 부스 앞에서

조금씩 관심을 보이기 시작하였다.

유럽 바이어들 대부분은 한번 거래가 성사되어 믿음을 주면 지속적으로 유대관계를 유지하며 신뢰를 쌓아 간다. 이때 전시장에서 만난 프랑스 바이어 피에르(Pierre)와 포르투갈 바이어 아르빈(Arvind)은 매우 인상 깊었고, 나와 오랫동안 거래하는 친구 같은 바이어가 되었다.

당시 유럽이 독점하고 있던 주얼리 전시회에 이름도 알려지지 않은 작은 중소기업이 참가하겠다고 고집 부렸지만 프랑스 주재 한국 대사관과 코트라가 끝까지 포기하지 않고 도와주었다. 그 덕에 나는 프랑스와 포르투갈의 두 바이어와 거래가 성사되는 큰 성과를 얻게 되어 보람 있었고 유럽 시장에 자신감이 생겼다.

모두가 불가능하다고 할 때,
'나는 가능하다. 나는 가능하다'라고 자신에게 최면을 걸어야 한다.
자신의 능력은 자신만이 안다.

시카고에서 첫 상담

세상이 얼마나 좁은지!
1991년 3월 미국·캐나다 해외 시장 개척단

1991년 3월, 미국 샌프란시스코, 마이애미, 뉴욕, 시카고를 거쳐 캐나다 등을 방문하는 해외 시장 개척단에 참가하였다. 주얼리 샘플이 너무 많아서 샌프란시스코 공항에서 통관하느라 무척 힘들었다. 특히 샘플들이 진짜 보석처럼 보여 패션 주얼리라는 것을 설명하느라 많은 시간이 들었다.

뉴욕 코트라에는 1990년 벨기에 무역관에서 뵌 이준식 관장님이 계셔서 반가웠고, 1987년 첫 동남아 해외 개척단을 인솔했던 김 과장님이 있어서 얼마나 반가웠는지 눈물이 핑 돌기도 했다.

세상이 얼마나 좁은지! 김 과장님은 저녁에 뉴저지에 있는 자기 집에 나만 초대하여 부인과 딸이 함께 저녁 식사를 했다. 긴 여행 중에 먹은 고추장 멸치볶음이 얼마나 맛있었는지 지금도 생각하면 군침이 절로 난다.

캐나다 토론토에서는 비즈니스 상담이 끝나고 일행이 헬리콥터를 타고 나이아가라 폭포를 관광했다.

동유럽의 사회주의를 경험하다
1991년 6월 동유럽 수출상담회

1991년 6월의 일이다. 구소련 공산당 고르바초프 정권이 무너지기 직전, 코트라에서 중소기업 10개 업체와 함께 유고슬라비아, 체코슬로바키아, 폴란드, 구소련으로 수출상담회를 갔다.

유고슬라비아를 거쳐 체코슬로바키아 프라하의 구시가지 광장에서 르네상스·바로크·고딕·로코코 등 세계 건축 박람회장 같은 다양한 양식의 아름다운 건축물과 시청사 건물의 천문 시계탑을 감상했다.

당시에는 호텔이 많지 않아 프라하에서 40분 정도 떨어진 시골 산속의 산장 같은 호텔에 묵었다. 프리미어 호텔(Premier Hotel)이라는 이곳에 짐을 풀고 수돗물을 틀자 뻘건 녹물이 끝없이 나오고, 산속에 있는 호텔 방은 추운데 6월이라 히터도 가동되지 않았다. 이름만 호텔이지 우리나라 최하위 모텔 같았다.

우리 일행은 저녁 식사 시간이 많이 남아서 로비 바에서 만나 요기라도 하려고 했으나 보드카 같은 주류만 있을 뿐 안주나 요기를 할 만한 것은 없어서 어두워지기 전에 주위를 산책하기로 했다.

끝도 없는 울창한 숲속은 6월이지만 무척 쌀쌀하여 나뭇가지를 모아 모닥불을 피웠다. 그곳에 둘러앉아 학창 시절 캠핑하던 것처럼 노래도 하고 재미있는 유머와 농담도 하며 맑은 공기로 여독을 풀었다. 우리는 그토록 호화롭게 번창했던 동유럽에 있는 나라들이 제대로 개방되지 않아, 우수한 문화 유적은 많지만 경제적으로는 한국보다 훨씬 뒤떨어져 있는 것에 위안을 받았다. 나는 한국에서 자유롭게 사업할 수 있는 것에 감사하며 스스로 위안했다.

돌아가기 위해 모닥불을 꺼야 하는데 양동이도 없었지만 주위에 물도 없었다. 내가 물이 없다고 걱정하고 있으니 남자들이 나 보고 돌아서 있으라고 했다. 그리고 모두 서서 불을 끄는데 얼마나 우스꽝스럽고 재미있었는지 지금도 그 장면을 떠올리면 혼자서 웃곤 한다.

그다음 날엔 몇 시간 동안 허허벌판을 기차로 달려서 폴란드 포즈난(Poznan) 전시회에 참석하였다. 전시회장에 도착하자 한국관 개막식이 준비되어 있어 우리 일행은 개막식에 참여하여 폴란드 코트라 관장님, 내빈과 함께 개막식 테이프를 끊었다.

전시회장 한국관에는 삼성을 비롯한 대기업 제품들이 전시되어 있었는데 오후가 되자 한국관에만 사람들이 북적북적 몰려 있었다. 가까이 가서 살펴보니 다른 유럽 국가 회사들은 공짜로 나누어 주는 것이 없는데 유독 한국관에서는 관람자에게 기념품을 나누어 주고 있었다. 사회주의 국가에선 모든 생활용품이 귀하고 모자라서 작은 기념품도 인기가 많다고 현지 무역관 직원들이 알려 주었다.

이곳에서 만난 B 사 잭코브스키(Jackovski)와는 오랫동안 거래

1	2
3	

1. 체코 어느 산장 호텔에서
2. 러시아 모스크바의 크렘린 궁전 앞에서
3. 폴란드 포즈난 전시회 개막식

하였다. 당시 아직 일부만 개방된 폴란드는 관세가 엄청나게 높아 B 사는 주문을 먼저 하고 제품이 완성되면 바이어가 직접 돈을 가지고 한국에 와서 지불한 후 물건은 주로 노르웨이를 거쳐 밀수로 들여갔다. 처음엔 잭코브스키 혼자 오다가 한 명 한 명 늘어나더니 나중엔 이삼십 명이 떼로 몰려와 남대문과 동대문에서 옷, 액세서리, 스카프 등을 엄청나게 사가기 시작하였다. 나중에 들은 바로는 200여 명이 아예 전세기를 동원하여 한국을 휩쓸고 다니다가 몇 년 전부터 중국으로 몰려갔다고 한다.

우리는 러시아 모스크바에 도착하여 모스크바대학과 똑같은 건물 양식의 우크라이나호텔에 묵었다. 호텔 외관은 웅장하고 너무나 멋있었는데 내부 시설 수준은 우리나라 시골 호텔만도 못했다. 밤늦게 도착하니 모두 시장해서 라운지에 있는 바로 갔으나 이 호텔 역시 먹을 게 없었다.

모두 마른안주에 보드카나 와인으로 겨우 허기를 달래고 다음 날 아침 식당으로 갔다. 식당은 뷔페처럼 되어 있었는데 빵과 우유, 계란 모두 떨어져서 더 가져다 놓을 때까지 기다렸다가 직원에게 주문했더니 없다고 했다. 그날 손님 수만큼 준비해서 떨어지면 그만이란다. 우리 일행은 양배추와 당근으로 된 샐러드만 한 접시씩 먹고 말았다. 또한 이곳 역시 다른 동구권 나라와 마찬가지로 도로에 신호등이 거의 없었다.

저녁에는 동구권을 관할하는 무역관장님이 만찬을 주최하셔서 북한 사람이 운영하는 한식당에서 식사했다. 오랜만에 먹는 한식이라 반가웠고 북한 사람이 하는 곳이라 모두 호기심도 대단했다. 종업원도 모두 북한에서 온 사람들이었고 상다리가 부러지도록 차렸는데도 한국의 10분의 1인 가격에 놀랐다.

더욱 놀란 것은 모스크바 공항에서였다. 여권 심사 라인은 완전 만원인데 바로 내 앞사람 차례가 오자 여권을 뒤적이던 담당 직원이 갑자기 눈을 감고 가만히 있었다. 눈이 피로해 잠깐 쉬는 줄 알고 기다리다 계속 그러고 있으니 바로 앞에서 기다리던 사람은 당황하여 어쩔 줄 몰라 했다. 그래서 다른 라인을 쳐다보니 모두가 눈을 감고 있었다. 우리는 놀라서 옆 러시아인에게 물었더니 지금이 쉬는 시간이라 기다려야 한단다. 줄 서 있던 사람들은 모두 그 자리 바닥에 앉아 기다렸다. 사회주의가 민주주의 경제를 따라잡는 데는 많은 시간과 인내가 필요하다는 것을 실감한 순간이었다.

학력(學歷)과 학력(學力)

한국의 자존심으로 시작한 사업이었다. 선진국 사람들은 할 수 있는데 왜 한국인은 안 되나? 똑같은 사람으로 태어나 왜 우린 안 될까? 나는 선진국 사람들이 독식하는 고급 주얼리 시장에 겁 없이 뛰어들어 품질과 신용에 목숨 걸고 열심히 하다 보면 언젠가 인정받을 수 있을 것이라는 어리석은 생각을 했다. 그렇게 해외 시장을 개척한 지 6년, 유럽을 중심으로 중동, 아시아, 미국과 캐나다 등을 다니며 25개의 바이어를 유치하는 데 성공하였다.

이때 이미 지구를 20바퀴 이상 돈 셈이다. 1년의 반은 해외 출장이고 25개 바이어와 1년에 3~4번씩만 미팅해도 80번 정도를 미팅해야 하니 하루가 48시간이라도 모자랄 지경이었다. 나는 한국에서, 외국에서 바이어들과 살다시피 하였다.

유럽 시장의 큰 회사들은 거의 자체 브랜드를 가지고 있어서 보우 자체 브랜드로만 수출하고자 한 나로서는 브랜드 없는 작은 회사들과의 거래만 성사되었고, 이러한 바이어들은 모두 작은 개미 바이어들이었다. 그래도 바이어들과의 신뢰를 바탕으로 조금씩 열심히 끈질기게 도전한 보람을 느끼기 시작하였다. 한번 시작한 거래를 오래 지속하기 위해 끝없이 새로운 디자인을 보여 주었고, 첫째도 둘째도 믿음을 지키는 데 직원들과 혼신의 힘을 다했다. 보우가 거래하는 바이어들에게 점점 신뢰를 받으며 인기가 생기자 국내·외 코트라에서도 적극적으로 도와주었다.

1991년 3월경에는 만화가 강철수가 진행하는 KBS 아침 생방송에 40분간 출연하기도 하였다. 결혼으로 8년간 경력이 단절되었던 여성이 34살에 수출업계에 뛰어든 스토리가 생방송으로 나갔다. 나는 비록 디자인이나 경영, 글로벌 무역에 관한 공부를 정식으로 하지는 않았지만, 배우면서 일하고 일하면서 배운다는 것을 알게 되었다고 말했다. 그리고 자신이 좋아하는 일이라면 어떠한 어려움도 참고 견딜 수 있다는 것을 다시금 깨달았다고 했다.

학력(學歷)은 과거의 일이고
학력(學力)은 현재와 미래를 위한 일이다.
학력(學歷)은 바꾸기도 어렵고
학력(學歷) 있는 사람은 자만과 자기도취에 빠져
자기 테두리에서 벗어나길 두려워해
도전력이 부족하고 변화와 다름을 인정하지 않으려 할 수 있다.

KBS 아침 방송에서 디자인하는 모습을 만화가 강철수가 그린 그림

회사 규모가 커지자 국내 S 그룹에서 19년간 근무한 베테랑을 영입했다. 대기업에서 오로지 자기 분야의 일만 하던 그는 중소기업 환경에 적응하지 못하고 도전정신이 결여되어 3년을 못 버티고 퇴사했다. 그런가 하면 고졸 출신인 두 사람은 각각 무역부와 자재부 보조로 들어왔다가 부장까지 맡게 되었다. 그렇게 나는 20년 넘게 근무한 직원에게서 주인정신과 도전정신이 있다면 학력(學力)은 얼마든지 키울 수 있음을 확인했다. 끝없이 매일매일 변화하는 지식 사회를 살아가는 우리에게 필요한 것은 학력(學歷)이 아니라 학력(學力)인 것이다.

남보다 두 배로 생각하고 두 배로 노력하면
학력(學力)은 학력(學歷)을 능가할 수 있다.

빵을 함께 먹는 가족

25개 회사의 바이어들을 관리하느라 하루가 48시간이라도 부족했던 1991년 11월, 소련 모스크바백화점에 크리스마스 물건을 선적한 지 며칠 되지 않아 소련 공산당이 붕괴되면서 모스크바백화점과 연락이 두절되었다. 아직 선적하지 않은 제품도 많이 있는데 도무지 연락할 길이 없었다.

선적한 물건과 재고를 합한 20만 달러는 보우의 전 재산이었다. 그래서 당장 회사 운영자금에 차질이 생기고 회사 운영이 어렵게 되었다. 만들어 놓은 제품이라도 다른 바이어에게 팔아 보려고 재고 샘플 가방을 들고 2주간 유럽 여러 나라를 돌아다녔지만, 이미 크리스마스와 연초 제품 구매가 끝난 시기라 아무도 관심이 없었다. 나는 허탈한 마음에 지친 몸으로 귀국 비행기에 올

● company (회사) = com (함께, with) + pany (빵, bread)

랐다.

'보우를 시작한 지 6년, 여기까지가 한계구나! 그래도 낯가림이 심한 나에게 사람들이 이 사업은 2, 3년도 못 할 거라고 한 걸 보면 생각보다 오래 한 거지. 그래, 더 이상 버티려고 은행 돈을 쓰면 더 큰 문제가 생길 거야. 은행 대출까지 받아서 운영하는 건 무리다. 그동안 외상을 하지 않았으니 빚은 없고, 회사를 정리해서 직원들 퇴직금만 보상하고 난 나의 편안하고 안락한 가정으로 돌아가자. 여행은 아니었지만, 비즈니스로 30개국 정도 다녔으니 소원은 이룬 거야. 그래, 여기서 회사 문을 닫자.'

나는 한국에 도착할 때까지 비행기 안에서 직원들에게 회사 문 닫는 것을 설명할 방법만 생각하였다.

다음 날 아침 굳은 결심으로 사무실에 들어선 나는 깜짝 놀랐다. 직원들이 밤새 일한 후 남자 직원들은 사무실에서 수출 카톤 박스를 깔고 웅크리고 자고 있었고, 여자 직원들은 내 사무실 소파에서 서로 기대어 자고 있었다. 그 모습을 본 난 눈물이 왈칵 나왔다. 몰래 문을 열고 나와 화장실에 가서 펑펑 울었다.

그리고 집으로 돌아와 해장국과 밥을 준비해 사무실로 가서 직원들에게 먹게 한 후 아무런 말도 하지 않았다. 며칠째 밤을 새워가며 일해서 선적 날짜를 맞춘다며 기뻐하는 직원들에게 미안하고 죄스러웠다. 직원들을 가족으로 생각하지 않은 것이 너무나 부끄럽고 미안했다. 가장이 가족을 돌보듯 사장은 직원들을 돌봐야 하는데 회사가 어려워지니 직원들 정리할 생각만 하다니!

그들이 실업자가 되든 말든 난 나의 편안한 가정으로 돌아가면 된다며 안일하게 생각하고 무책임한 이기주의에 가득 찼던 나 자신이 소름끼치도록 부끄러웠다. 그리고 크리스마스와 연말 내내 앞으로 이 위기를 헤쳐 나갈 방도를 연구하였다.

'그래, 오상아(吾喪我). 내가 다시 태어나기 위해서 나 자신을 죽여야 해. 나를 버리자. 나의 자존심을 버리자. 내 브랜드를 버리자. 바이어가 원하는 그들의 브랜드 제품을 만들어 주자. 가족 같은 직원들이 실업자가 될 형편에 내가 무엇을 끌어안고 고통 없이 가려 하는가.'

씨앗이 새싹과 꽃을 피우기 위해 자기 자신을 버리는 아픔을 겪어야 하듯 리더는 자존심과 명예를 함께 가지기 어렵다는 것을 느끼면서 보우 자체 브랜드 고집으로 거래되지 않았던 큰 바이어들에게 그들의 브랜드 제품을 만들어 준다고 연락하기 시작했다.

바이어들에게 보우가 ODM(Original Development Manufacturing, 제조사가 디자인과 생산을 담당하고 바이어 브랜드로 내는 방식), OEM 비즈니스를 시작했다는 소식을 전했다. 기업은 이익을 창출하여야 일자리를 만들고, 직원들을 가족같이 돌보고, 사회에 공헌할 수도 있다는 것을 깨우치기 시작했다. 명예와 자존심만 생각하여 어설프게 사업했다가는 나 자신은 물론 회사 직원들을 어려움에 처하게 하고 집안 망신까지 당할지도 모른다.

지금까지 자체 브랜드에 매여 있던 마음을 버리고 새로 시작한다 생각하니 새로운 각오가 생겼다. 위기(危機)에 기회가 있듯이 실패와 고난은 그 안에 해결의 실마리를 품고 있다. 그래서 인간은 그 실패의 고통에 강인하게 저항할 때 해결의 실마리를 잡으면서 정신적, 육체적으로 성장하게 된다는 것을 느꼈다.

　미래는 예측하는 것이 아니라 창조하는 것. 나의 문제점을 파괴하고 보우의 장점을 살려 새로이 시작하기로 결심한 나는 어느새 용감한 전투병 같은 용사가 되어 있었다.

─ ❖ 믿음이라는 씨앗 ❖ ─

다음 해인 1992년 1월 초, 첫 미팅은 홍콩에서 토미(Tommy)라는 바이어와 함께했다. 평소와 같이 전해와 새해 비즈니스에 관해 이야기하던 중 나는 소련 공산당의 붕괴로 모스크바백화점과의 거래가 무산되어 자금난으로 어려움을 겪고 있다 말했고, 바이어는 그래도 절대로 용기를 잃지 말라 하고 돌아갔다.

며칠이 지난 후 은행 담당 직원이 보우 통장에 돈이 들어와 있다고 하여 당황했는데, 알고 보니 토미가 4만 달러를 보냈다면서 연락을 했다. 토미는 회사가 어렵다고 은행에서 대출을 받으면 회사가 점점 더 어려워지니 우선 자신의 돈을 쓰라며, 매달 물건 선적 금액에서 조금씩 공제하고, 돈이 더 필요하면 연락하라고 했다.

나는 물론 직원들도 모두 놀라고 감격했다. 4만 달러는 회사의 큰 힘이 되었다. 가족도 친척도 아닌 바이어가 깊이 배려하고 도

너무나도 고마운 바이어 토미와 함께

움을 주어 나는 매우 감동스러웠다. 토미는 또 보우의 어려움을
덜어 주기 위해 물건을 주문할 때마다 선급금으로 50%를 미리
보내 주기도 하였다.

토미는 그보다 4년 전인 1988년, 싱가포르와 중동 바이어들에
게서 자금이 회수되지 않아 한국의 보우를 비롯하여 네 개 다른
회사에 주문한 제품값을 지급하지 못하여 어려움에 처한 적이 있
었다. 다른 네 개 회사들은 보우보다 훨씬 크고 오래된 회사들이
었지만 모두 거래를 중단했다. 그러나 방금 태어난 병아리 기업
인인 나는 바이어가 너무 딱하고 마음이 아파서 제품을 만들어 선
적해 주며 "우선 제품을 보내 줄 테니 팔아서 조금씩 갚아라. 필
요한 제품이 있으면 더 보내 줄 테니 서슴지 말고 주문해라. 난
당신을 믿는다"라고 하였다.

토미는 제품을 팔아서 자금이 되는 대로 조금씩 갚으면서 대단
히 고마워했고, 무척 성실한 그는 열심히 노력해서 차츰 안정되
어 회사를 키워 갔다. 내가 홍콩에 갔을 때는 자기 부모님과 가족
모두에게 나를 가족같이 소중한 친구라고 소개하며 자랑스러워
했다. 매번 한국에 출장 올 때마다 조그마한 선물을 챙겨 오고 언
제나 고마워하는 모습이 좋았지만 이렇게 내가 어려울 때 말없이
도움을 주리라고는 상상도 못 했다.

그 뒤에도 토미는 한국 여러 회사에서 제품을 수입하면서 모든
제품은 보우의 품질 검사를 거치게 하고 보우에 수수료를 별도로

지급하여 보우가 어려울 때 아주 커다란 도움을 주었다. 이 일로 사람 사이의 신뢰는 흙과 씨앗 같아서 절대로 배신하지 않는다는 것을 다시금 깨달았고, 내가 신뢰를 주면 상대방도 나를 진심으로 대해 주고 커다란 믿음으로 돌아온다는 것을 깨달았다.

─◈─ 간절함을 넘어 절박함으로 ─◈─

보우에서 OEM과 ODM 거래 가능 의사를 전하는 편지를 보내자, 1992년 1월 중순에 바로 1,400개 체인점을 보유한 CBI라는 미국 회사에서 2월 초 한국 방문 때 미팅하자는 연락이 왔다.

CBI는 미팅 전에 한국과 아시아 여러 회사에 개발을 의뢰했지만 성공하지 못했던 제품을 보우에 보냈다. 미팅은 한 달 남았지만, 제품은 개발에만 석 달 이상이 걸리는 무척 까다로운 것이었다. 그러나 우리는 밤낮으로 공장에 찾아가 지켜보고 끊임없이 연구하여 개발했다. 이후 첫 미팅 때 제품을 보여 주었더니 상담팀 모두가 놀라며 너무도 좋아했다.

첫 미팅은 대성공이었다. 이 회사는 당시 10~20대 대상의 저가 제품을 주로 판매했는데, 30~40대를 위한 중급 제품을 시도하려는 시기에 보우가 OEM, ODM 제품도 한다는 소식을 접하고 무척 반가워했다. 무엇보다도 CBI는 오랫동안 거래한 다른 모든 회사와의 대금 결제 조건이 D/A 90 DAYS(선적 서류 접수받고 90일 후 대금 지급)이었던 데 반해, 보우에는 내가 제시한 T/T 7 DAYS(제품 선적하고 7일 후 전신환 송금)를 승인하며 파격적으로 배려해 주었고 이 계약을 17년간 유지했다.

그리고 너무도 놀라운 일이 벌어졌다. 기존 보우 바이어들은 대부분 작은 개미 바이어들이어서 스타일당 주문량이 120~600개 정도에 불과했는데, CBI의 주문량은 스타일당 3천~3만 개 정도였다. 게다가 보우가 제시한 디자인 대부분이 채택되어 주문이 와서 보우 공장은 매일 폭탄같이 쏟아지는 주문량에 모두가 신바람이 났고 혼이 나갈 정도로 바빴다.

새로 시작하는 마음으로 새로운 고객층에 맞는 새로운 디자인과 제품을 개발하여 정직하게 만드는 데 최선을 다하자 보우가 만든 제품이 미국 1,400개 CBI 체인점에서 불티나게 팔렸다. 이 브랜드는 나중에 미국을 넘어 영국과 유럽으로도 확산되었다.

CBI 사에서 폭탄처럼 쏟아지는 주문량에 보우는 생산 규모가 점점 커져서 주변에 있는 아파트 단지 주부의 일손으로 운영하는 생산 시스템을 발전시켰다. 아파트 단지 안에 만든 조립장은 점점 늘어 인천, 부천, 충주까지 확대되면서 1천여 명 주부들의 일손이 거대한 조직을 이루어 쏟아지는 주문을 해결하였다.

보우가 개발한 제품마다 불티나게 팔리고, 보우 제품으로 인해 CBI의 매출이 늘어나자, 일에 빠져 있는 나에게 CBI 시카고 본

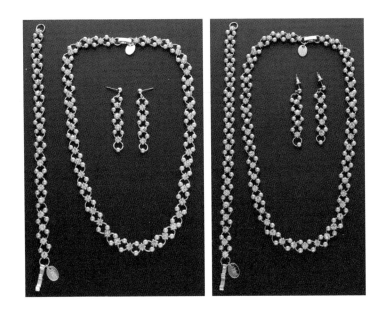

CBI 첫 개발품. 17년간 매달 2~3번 주문받을 정도로 인기가 많았다.

사를 방문해 달라는 연락이 왔다.

비행기를 타고 시카고 공항에 내리자 검은색 양복을 차려입은 멋진 남자가 "Bow Mrs. Kim"이라는 팻말을 들고 서 있었다. 처음 타본 리무진 좌석 옆에는 커다란 실버 볼에 얼음이 담겨 있었고 멋진 크리스털 컵과 시원한 물, 콜라와 음료수 캔이 함께 놓여 있었다. 컵에 시원한 물을 따라서 한잔 쭈욱 들이켰는데, 어머나! 물이 아니라 보드카였다. 나는 차마 멋진 차 안에 뱉을 수가 없어서 꿀컥 삼키고 말았다.

이튿날 CBI 본사 미팅에서 나는 또 한 번 놀랐다. 지난 4년 동안 보우는 CBI의 30개 업체 중 디자인, 개발, 선적, 품질에서 모두 1위를 하고 있었다.

보우 자체 브랜드를 포기하자 바이어를 공략하기 수월해져서 상담하는 바이어마다 성공하니 회사는 날로 커져 갔다. "신(神)은 한쪽 문을 닫으면 다른 쪽 문을 열어 두신다"는 말이 있듯이 브랜드를 포기하고 명예에 집착하지 않게 되면서 보우의 제품이 세계 시장에서 날개 달린 듯 팔려, 1995년 6월에는 본사 건물인 보우빌딩을 매입하게 되었다. 사업을 시작한 지 10년 만이다.

보우 사옥을 마련하고 바로 보우 장학회를 만들어 1세부터 25세까지 보우 직원 자녀 모두에게 학비를 지원하고, 주택이 없는 직원에게는 주택마련 자금으로 1억 원까지 무이자로 무기한 대출도 해주었다. 사옥에서 나오는 임대료로는 독거노인과 소년·

소녀 가장(家長) 학생들, 다문화 자녀들을 지원하기 시작했다.

보우는 1995년 11월 30일 무역의 날에 통상산업부 장관상을 받았고, 12월에는 김영삼 대통령으로부터 수출하는 데 어려운 점이 있으면 언제든지 연락하라며 격려 편지와 함께 언제든 대통령에게 편지할 수 있도록 고유 번호가 적힌 청와대 봉투를 받기도 했다. 1997년 1월에는 청와대로부터 3월 1일부터 12일까지 헝가리, 폴란드, 터키, 이탈리아 등을 방문하는 대통령 유럽 순방에 참여하라는 연락도 받았다.

또한 보우는 1995년 창업한 지 10년 만에 한국 주얼리 수출회사 700여 곳 중 6위로 진입하였다. 1998년 1월 초에는 IMF를 이겨낸 중소기업으로 선정되어 KBS 〈2580〉에서 특집으로 방송에 출연하기도 했다.

아무리 어려운 상황에도 포기하지 않는 사람에게
세상은 또 다른 기회를 준다.

1
2

1. 보우가 IMF를 이겨낸 중소기업으로 선정되어 KBS 〈2580〉 특집으로 출연했다.
2. 무역의 날에 받은 통상산업부 장관상

미친 여자, 돈독이 오른 여자

보우가 패션 주얼리 수출업계에 새로이 부상하자 여러 한국 회사
들이 보우 바이어를 뺏으려 도전하였다. 그중 한 회사는 보우가
거래하는 가장 큰 업체인 미국 CBI 부근에 지사를 차려 놓고 보
우가 만든 전 제품을 중국 공장에서 만들어 30~40% 싼 가격에
공급하겠다며 공략하였다.

처음에는 바이어도 크게 반응하지 않았다. 그러나 워낙 가격
차이가 크게 나고 그 회사에서 자주 찾아가 미팅하며 공격적으로
영업하자, 바이어는 보우도 중국으로 공장을 옮겨서 경쟁력 있는
가격에 제품을 달라고 요구했다.

보우 수출의 70%를 차지하는 바이어의 요청을 무시할 수가 없
었다. 1996년 중국에 반제품 조립 공장을 만들어 가격을 맞춰 주
려 하였지만, 여전히 '메이드 인 코리아'를 고집하다 보니 가격 경
쟁력에서 뒤지는 것이 눈에 현저히 나타났다.

또다시 위기에 처할 수 있다는 예감이 들었다. 계속 한국에서 제조할 방법을 여러 방면으로 생각했다. 고민 끝에 ODM, OEM 방식으로 고품질 브랜드, 즉 명품 브랜드 제품을 만들어 보자고 결심한 뒤 세계 유명 브랜드 조사에 착수했다. 명품 브랜드는 품질을 지키기 위해 각자 자기 나라에서만 생산하는데, 나는 엉뚱하게도 명품 브랜드 제품을 한국에서 생산하려고 하니 같은 업종 사장들이나 직원들 모두가 불가능하다며 고개를 저었다. 나는 또다시 무모한 도전을 시작하였다.

나는 영국 헤롯백화점과 유럽, 미국 고급 백화점에서 가장 인기 있는 브랜드가 'M'이라는 걸 알았다. 다른 바이어들이 제일 모방하고 싶어 하는 제품도 M 브랜드였다. 금융위기 이후에는 중가 브랜드로 전향했지만, 당시에는 M 브랜드가 가장 인기가 많고 브랜드 파워도 셌다. 그리고 직원들을 통해 이 브랜드 회사가 한국에서 반제품 부품과 체인 종류를 수입해 간다는 정보를 입수하였다.

우린 M 브랜드와 거래할 방법을 연구하기 시작했다. 나는 M 브랜드 제품을 골고루 사놓고 브랜드 배경, 제품 만드는 과정과 품질, 디자인 등을 연구하기 시작하였다. M 브랜드를 알기 위해 우선 이 브랜드의 모태인 모네에 관하여 공부하기로 했다. 먼저 프랑스에 가서 화가 모네 생가를 방문하고 모네 그림의 배경, 화풍, 색채감 등을 연구했다.

모네에 관한 책들을 사서 읽어 보니 모네 주변 화가들, 즉 반 고흐, 고갱, 르누아르, 세잔, 드가, 바지유, 마네 같은 화가들에 관심이 생기면서 그들의 화풍과 색채감에 점점 매료되었다. 그 화가들을 밤낮없이 연구하면서 많은 걸 배웠다. 평생을 그림에 바친 훌륭한 화가들이 많이 있었지만, 나는 특히 반 고흐의 매력에 빠졌다. 그는 8년이란 짧은 기간 동안 그림에 미쳐 현재의 자신을 버리고 미래의 자신을 찾는 광기 넘치는 열정으로 그림에 혼신의 정열을 불태웠다. 살아생전 사람들의 무관심과 멸시, 조롱을 받았고, 미치광이로 취급받아 요양원 생활을 하던 중에도 그림에 매달렸던 고흐. 나는 시간을 초월하는 그의 작품에 매료되어 한동안 그의 색채감에 완전히 빠져 있었다.

이때 세계적인 화가들의 색채감에 미쳐서 공부하고 연구한 결과, 훗날 콧대 높은 세계 패션 주얼리계 전문가나 거장 디자이너들과 어깨를 나란히 하고 일할 수 있는 자신감을 얻었다.

M 브랜드 제품을 연구하여 샘플을 만든 후 미국 로드아일랜드에 있는 M 브랜드 본사에 편지와 함께 보냈다. 몇 개월이 지나도 아무런 소식이 없어서 계속해서 보내고 또 보냈지만 아무런 반응도 오지 않았다. 다음에는 한국에서 M 브랜드에 반제품을 수출하는 회사에서 일하는 개발자와 생산 기술자를 스카우트하여 샘플을 개발해 다시 도전해 봤지만, 역시 소식이 없었다.

이 무렵 나는 유리구슬과 거울을 만드는 유리도 커팅이 가능하다는 것을 알게 되었고, 바로 중국 유리 공장에 체크무늬 커팅을 시켜 보았더니 성공적으로 나오기 시작했다. 다이아몬드 커팅까지도 성공적이었다. 그리고 창업 초창기 코트라 시장 개척단에 참가하여 베네치아에 있는 무라노 유리공예 공장에서 본 다양한 색깔을 접목해서 빨강, 파랑, 초록 등 단색만 나오던 것을 천연 보석 색이 나오도록 하는 데 성공하면서, 이 재료로 비싼 크리스털 수입품을 대체하였다.

수입에 의존하던 크리스털 스톤은 기계로 커팅하여 크기와 모양에 한계가 있고 특허품이라 가격도 무척 비쌌지만, 핸드 커팅하는 유리는 다양한 모양과 크기로 제작할 수 있고 중국의 저렴한 인건비 덕에 가격 경쟁에서도 유리한 조건을 갖추게 되었다. 이때 내가 개발에만 미쳐 있지 않고 세계 특허를 내었다면, 보우라는 회사는 아마 또 다른 유명 회사가 되었을지도 모른다. 물론 한국이 아닌 중국 공장에서 개발한 것이라 불가능했을 수도 있다.

개발된 글라스 자재로 만든 제품을 M 브랜드에 수차례 보냈더니 드디어 한국 방문 때 돌아가기 전 30분 정도 보우에 들리겠다는 소식이 왔다. 우린 흥분하며 최대한 많은 제품을 보여 주려고 밤낮없이 샘플 개발에 몰두하였다.

그리고 상담하는 날 보우 쇼룸에 도착한 M 브랜드 팀은 인사도 건성, 제품 보는 것도 제대로 보지도 않고 곁눈으로 대충 보았다. 나는 등에 식은땀이 흐르고 다리에 힘이 빠져서 테이블에 겨

글라스 개발품으로 만든 액세서리

우 몸을 기대어 바라보고 있는데, 바이어들이 한 명씩 한 명씩 시선을 멈추더니 고개를 갸우뚱거리며 세심히 보기 시작하였다.

드디어 제품을 하나하나 골라서 따로 놓으며 샘플 주문을 해 보자고 의논하는 것이다. 그 소리를 듣는 순간 바르르 떨리는 눈을 감으며 휴~ 나도 모르게 긴 한숨이 나왔다. 작은 기적이 일어난 것이다. 아시아에서 반제품만 수입해 가던 M 사가 처음으로 보우에 완제품 샘플 주문을 주었다. 그것도 보우 디자인 그대로 ODM 거래가 성사된 것이다.

우린 감격하고 놀랐지만, 바이어는 큰 기대를 하지 않는 눈치였다. 반신반의하며 '한번 시도해 보자', '일단 샘플 주문으로 테스트해 보자'는 눈치였으나 우리의 유리 자재 개발에는 커다란 관심을 보였다. 유리에 천연 보석 색상을 입힌 데다, 다이아몬드 커팅에다 핸드 커팅이라 사이즈와 모양을 자유자재로 변형할 수 있는 점에 놀란 그들은 두 눈이 휘둥그레지더니 가격에 또다시 놀랐다. 바이어들은 본사에서 글라스 자재를 디자인에 접목시켜 보자고 하면서 돌아갔다. 그리고 바로 첫 디자인 개발 의뢰가 왔다.

우리는 감격스러웠고, 새로운 각오로 지금의 M 브랜드 제품보다 더 좋은 품질, 더 새롭고 다양한 디자인을 보여 주기 위해 밤낮을 가리지 않고 미친 듯이 연구하고 만들다 보니 꿈에서까지 일에 묻혀 살았다.

이렇게 내가 토요일, 일요일도 없이 죽기 살기로 일하자 처음에는 걱정하던 가족들은 점점 더 일에만 파묻혀 지내는 나에게 일 중독자, 일에 미친 여자, 신들린 여자, 돈독이 오른 여자라고 했다. 책벌레가 돈맛을 보더니 돈독이 오른 것 같다고 걱정했다.

　나는 아침에 출근해서 새로운 디자인에 몰입하다 보면 일 속에 더 깊숙이 빠져서 시간 가는 줄도 몰랐다. 노력하면 할수록 무언가 부족하고 더 좋은 게 있을 것 같았다. 절박한 나의 열망은 채워지지 않았고 그러다 보니 더욱 몰입하게 되었다. 계속 연구하고 디자인하다 보면 제품이 조금씩 나아지고 새로운 디자인이 하나씩 나올 때마다 기쁨과 희열을 느껴서 배고픔도 잊었다. 직원들이 갖다 놓은 점심은 밤 12시가 넘어 퇴근할 때 보고 치워질 때가 많았다. 가족들이 틈틈이 먹으라고 냉장고에 간식을 채워 놓아도 몇 달씩 있다가 쓰레기통으로 버려졌다.

　'이 정도면 되겠지?'가 아니라 조금 더 나은, 조금 더 좋은 것을 찾는 나는 스스로와 싸우고 있었다. 좀 더 나은 것을 원하는 나의 갈증 때문에 잠들면 꿈에서도 일했고 그러다 깨면 다시 불을 켜고 디자인을 했다. 잠자는 시간도 아까웠다. 미용실에 가는 시간이 아까워 머리도 내 손으로 잘랐다. 하루 24시간이 너무도 짧았다.

　새로운 디자인에 점점 몰입하다 보니 퇴근 시간이 늦어져서 자정 넘어서 모범택시로 퇴근하곤 했다. 항상 건강이 좋지 않아 병원을 드나드는 나를 부모님은 많이 걱정하셨고 아버님께서는 두 번이나 회사로 찾아오셔서 호통을 치셨다.

아버님 돌아가시기 전해 어머니 산소 다녀오는 길에서

"너는 동물이 아닌 식물이냐? 동물이면 움직이고 먹고 운동도 해야지. 도대체 무엇에 미쳐서 매일이 다름없는 이 모양으로 살고 있느냐?"

그러나 누가 무슨 말을 해도, 나는 이미 미쳐 있었다. 이러다 죽어도 좋을 만큼 나는 끊임없이 도전하고 또 도전했다. 미친 사람에게는 그 사람만의 세상이 있다. 그런 사람은 자신에게만 보이는 것에 매료되어 그 사람만이 느끼는 성취감에 희열을 느끼느라 시간을 잊고 무아의 경지 속에 빠져 있게 된다. 어쩌다 할 수 없이 경제 단체나 모임에 가면 여성들이 한 귀걸이나 목걸이, 브로치 등을 보고 디자인 스케치를 할 뿐, 회의 내용에는 전혀 관심이 없어 지루했고, 결국 시간 낭비 같아 슬그머니 도망쳐 회사로 돌아오곤 하였다.

나는 보우를 시작한 후 TV 뉴스나 신문 보는 것을 잊었다. 오로지 주얼리 디자인과 관련된 것 외에는 관심이 없었고 수출만 하다 보니 더욱 국내 뉴스와 멀어지고 관심조차 없었다. 회사와 집 그리고 해외 출장으로 다람쥐 쳇바퀴 돌듯 살면서 대화는 직원이나 바이어들과만 하다 보니 한국 사회나 경제에는 완전 바보, 무식쟁이가 되었다. 가끔 한국을 방문한 바이어가 나에게 시내 호텔 주변에서 일어나고 있는 데모나 시위대에 관해 물어보면 그 상황에 대해 전혀 모르는 자신에게 놀라기도 했다.

창조성은 재능이나 머리가 아니라 엉덩이 싸움이다. 나는 세상의 그 어떤 것도 끈기를 대신할 수는 없다는 것을 직접 느꼈다. 재능만으로는 안 된다. 재능이 있지만 성공하지 못한 사람이 세상에 얼마나 많은가.

천재성도 중요하지 않다. 이름값을 못 하는 천재가 수없이 많다. 특히 대한민국은 고학력 낙오자로 가득하다. '누가 더 똑똑하고 더 기발한가'의 문제가 아니라 '누가 더 오래 열심히 연구하는가'의 문제이다. 이제 더 이상 갈 데가 없다고 생각할 때 한 발짝 더 가는 것, 더 이상 쥐어짤 게 없다고 생각할 때 한 번 더 고민하는 것, 그것이 더 좋은 아이디어가 탄생하는 비결이다. 누구나 가지고 있는 천재성이나 전능의 힘을 끄집어내는 것은 끈기와 투지, 몰입과 집중력인 것이다.

보우의 개발 제품을 받아 본 M 팀은 바로 한국으로 전화했고, 보우에는 온갖 찬사가 전화선을 타고 쏟아졌다.

"미세스 킴, 정말 고맙습니다. 당신은 정말 대단해요! 훌륭합니다! (Mrs. Kim, Thank you so much. You did a good job. Fantastic! Excellent!)"

그리고 개발할 디자인을 더 많이 보내왔다. 제품 개발이 끝날 무렵 개발한 제품을 직접 보러 한국 보우를 방문한 M 팀은 보우 개발팀을 얼싸안고 "원더풀", "원더풀"을 수없이 외쳐 댔다. 그들은 예상보다도 훨씬 더 좋은 품질에 놀랐다면서, 너무너무 고맙다고 눈물까지 글썽였다.

그리고 그들이 보내 준 디자인 외에도 더 많은 디자인과 색상 샘플을 만들어 놓은 것을 보자 M 팀은 놀라워하며 탄성을 질렀다. 수차례 문을 두드려도 눈길도 주지 않던 세계적인 디자이너들이 보우 품질에 푸욱 빠지기 시작한 것이다. 보우가 만든 제품을 보고 눈물을 글썽이며 보우 팀과 나에게 고마워하던 그때 그 황홀한 순간을 난 지금도 잊지 못한다.

가슴에 소나기 같은 눈물이 쏟아졌다. 이보다 더 행복하고 감격스러운 순간이 또 있을까? 문턱 높고 콧대 높은 유명 브랜드 주얼리 생산지가 유럽과 미국에서 한국으로 옮겨지는 순간이었다.

이듬해 처음으로 뉴욕 엠파이어스테이트빌딩 안의 M 쇼룸에 갔을 때 나는 꿈속에 있는 줄 알았다. 넓고 멋진 쇼룸에 진열된 보우 제품들은 주얼리 박물관을 연상케 하였다. 아름다운 조명 아래 당당하게 자신의 무대를 독차지하고 있는 보우 제품들이 나를 황홀하고 자신감 넘치게 하였다.

그때까지 보우에는 디자이너가 따로 없었으나, 이후 새로운 브랜드가 생길 때마다 디자이너와 개발 담당자가 팀을 만들어 일하기 시작했다. 보우에 날개를 달아 준 M 제품은 불티나게 팔렸고, 전 세계 매장으로 나가는 M 제품의 70% 이상을 보우 공장에서 만들었다. M 브랜드가 성공하자 이후 새로운 브랜드들이 줄을 이어 보우를 찾았다. 점점 더 많은 브랜드와 주얼리 론칭에 성공하면서 하루 몇 시간만 하던 미팅도 5일씩 하게 되었다.

유리 자재 개발로 원가가 대폭 절감되고 한국인의 기술이 인정받아 점점 많은 바이어들이 보우로 몰려들자 미국 회사의 한국 책임자가 이 자재를 한국 주얼리 회사들과 공유해서 이 기회에 세계 패션 주얼리 하이 브랜드 생산을 한국이 점령하자고 제안하였다. 당연히 보우 직원들과 나는 화가 났고 그 제안을 거절했다. 특히 직원들은 절대로 안 된다고 펄펄 뛰었다.

그러나 곰곰이 생각해 보니 중국이라는 나라에서 개발한 자재를 독점하기는 어려울 것이고, 그 많은 브랜드를 보우가 다 생산하기도 힘들 것 같았다. 무엇보다도 "자신의 등불로 다른 사람의 등에 불을 붙여 주었다고 해서 자신의 불빛이 덜 빛나는 것이 아니다"라는 키케로의 말이 떠올라 마음을 바꾸었다.

보우가 개발한 유리 자재는 엄청난 속도로 확산되었고, 이 자재를 활용한 한국 주얼리 수출회사들이 하나둘 하이 브랜드 생산에 진입하며, 어느새 한국 업체들이 이 분야를 독점하게 되었다.

그 후 20년이 지난 2018년 어느 날, 세계 패션 주얼리의 거장 카르멘(Carmen)으로부터 다음과 같은 따뜻한 찬사를 받았다.

"나의 아름답고 전설적인 친구여! 전설적인 인물 중 최고는 단연 당신입니다. 주얼리 산업의 수준을 높여 주어서 고맙습니다. (My beautiful legendary friend! When I think of legends, you are the top of my list. Thank you for raising the bar for entire jewelry industry.)"

무엇보다도 보우의 개발 능력과 품질 신뢰도가 높아지면서 그동안 한국 공장에는 눈길도 안 주던 미국, 영국 등 유럽 브랜드들이 줄줄이 찾아와 보우는 명실상부한 세계 유명 브랜드 주얼리 메이커로 자리 잡게 되었다.

새로운 브랜드가 성공할 때마다 나는 첫 론칭을 M 브랜드로 정하여 모네를 연구하면서 그에 대한 많은 책을 보고 관련된 세계적인 화가들의 색채감을 공부한 것은 우연이 아닌 탁월한 선택이었음을 실감했다. 아시아 제품에 눈길도 주지 않던 주얼리 브랜드들과 당당하게 일할 수 있었던 이유이기도 했다.

2001년도에는 김대중 대통령에게 표창장을 받았고 김대중 대통령 때는 매년 무역의 날마다 격려의 편지도 받았다.

한국 최초로 하이 브랜드 제품 생산에 성공한 보우는 세계 유명 브랜드 주얼리 완제품 제조 공장을 미국과 유럽에서 한국과 중국으로 옮기는 데 선두주자 역할을 하였고, 마침내 한국 패션 주얼리 업계의 정상에 우뚝 서게 되었다.

광기 없는 위대한 천재는 없다.

(No great genius without madness.)

— 아리스토텔레스

1. 대통령상 시상식에서 아들과 함께
2. 김대중 대통령에게 받은 표창장

─◆─ 최고보다 최선을 추구하다 ◆─

최고(best)는 곧 멈춤을 의미하지만 최선(better)은 더 나은 것을 향해, 어제보다 좀 더 나은 내일을 향해, 지금 이것보다 더 나은 것을 위해 노력하는 것이다. 꾸준히 집요하게 몰두하다 보면 자신 깊숙이 숨어 있던 잠재력이 하나씩 나와 어느 순간 위대함의 경지에 다다를 수 있다.

어느덧 세계 유명 브랜드 주얼리 업계에서 "보우랑 론칭하는 브랜드는 성공한다"는 이야기가 돌아 바이어들은 새로운 브랜드를 론칭할 때마다 보우를 찾았다. 새로운 브랜드를 론칭할 때는 개발이 무척 어렵고 시간과 노력도 더 많이 들여야 하며 투자도 더 많이 해야 한다. 또한 론칭이 성공해야 한다는 커다란 중압감과 실패할지 모른다는 불안감, 두려움도 감당해야 한다.

그러나 밤낮없이 시도하고 연구하는 길고 긴 노력 끝에 새로운 브랜드 탄생을 성공적으로 마쳤을 때는 보람도 자신감도 더 커진다. '이 정도면 되겠지?'가 아니라 조금 더 좋게, 조금 더 멋지게, 조금 더 편리하게, 조금 더, 조금 더! 최고(best)에 머무르지 않고 최선(better)을 향해 한 번 더 고민하는 자세가 더 중요하다.

보우 직원들도 세계 유명 디자이너들과 어깨를 나란히 하고 호흡을 맞추며 일하는 것을 뿌듯하게 여겼다. 또한 그런 중요한 경험을 바탕으로 일에 대한 자신감을 느끼게 되었다. 무엇보다 보우는 항상 바이어가 주문한 것 외에도 더 많은 디자인을 준비해서 보여 주도록 하여, 바이어의 요구에 맞추기만 하지 않고 바이어를 리드하도록 했다. 세계적인 브랜드 제품을 디자인하고 개발하고, 생산된 제품이 전 세계 백화점이나 면세점에서 팔리고 있다는 사실에 직원들은 커다란 자부심과 자신감을 얻었다.

괴테는 《파우스트》에서 "신은 있는 힘을 다해 노력하는 사람을 구원한다. 우리가 진정으로 하겠다는 결단을 내린 순간 그때부터 하늘도 움직이기 시작한다는 것이다"라고 말했다. 나는 그렇듯 불완전함에 굴복하지 않고 끝까지 도전하여 내가 신을 믿는 것보다 신이 나를 더 믿을 때까지 끝없는 노력이 필요하다고 나 자신에게 강조했다.

그러한 노력이 있었기에 보우 팀은 '이 세상에서 개발 못 하는 게 없다', '어떠한 어려운 제품도 다 해결하는 기술이 있다'며 인정받았고, 결국 유럽과 미국 브랜드들이 하나하나씩 보우 문을 두드렸으며, 2005년에는 30여 개의 브랜드를 유치하여 1,700여 명의 공장을 풀가동해도 벅찰 정도로 주문이 몰려들었다.

桃李不言 下自成蹊
복숭아나무와 자두나무는 말이 없지만
복숭아 자두 꽃이 아름답게 피고 싱싱한 열매가 열리면 그 모습을 보려고 사람들이 몰려와 저절로 그 밑에 길이 난다.

— 시진핑 연설문에서

보우는 품질 좋고 디자인과 개발이 뛰어나고 모든 약속을 철저하게 지킨다는 신뢰가 차곡차곡 쌓이자 세계 유명 브랜드 주얼리 회사들이 보우로 몰려들기 시작하였다. 세계 고급 패션 주얼리 업계에서 '보우' 하면 최고의 신뢰와 믿음이 있는 회사로 부상했다. 보우 공장에서 만들어진 세계적으로 유명한 30여 개의 브랜드 제품들이 전 세계 백화점이나 면세점에서 팔렸다. 세계 어느 나라에 가도 고급 쇼핑몰이나 면세점에서 보우 제품을 볼 수 있었다.

또한 보우가 처음 유명 브랜드와 거래를 시작할 때는 거래하는 외국 회사에 한국인 디자이너가 한 명도 없었는데, 어느새 각 나라 회사마다 한국인 주얼리 디자이너들이 한두 명씩 포진되기 시작하였다. 한국인의 손재주와 도전정신이 세계 주얼리 업계에 차츰 알려지기 시작한 것이다.

나는 2003년 MBN TV에 출연하여 보우의 세계 유명 브랜드 마케팅 도전에 대해 30분간 이야기했다. 2005년에는 그 당시 여성 경제인에게는 가장 큰 상인 동탑산업훈장을 받았다(지금은 금탑훈장으로 승급). 산업훈장을 받은 이후 나는 해마다 각종 언론사나 경제단체에서 주는 모든 상을 후배에게 주라고 사양하였다.

위대한 사람이 따로 있는 것이 아니라
평범한 사람의 위대한 도전이 있는 것이다.

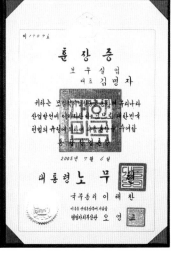

1. MBN 출연 당시. 세계 유명 브랜드 마케팅에 대해 이야기했다.
2. 산업훈장 시상식 당시 딸과 함께
3. 빛나는 동탑산업훈장

포도 모양의 브로치. 포도는 번영, 재물, 다산, 믿음의 상징이다.

직원 모두가 사장이다

2000년 어느 날 한국 패션 주얼리 수출업체 중에서 상위권에 계시는 대표 10여 분의 모임에 참석한 적이 있다. 그 모임에 오신 회장님들은 모두가 나보다 10~20년 먼저 시작하신 업계의 거장들이었다. 또한 모두가 남자이고 연세도 있으셔서 난 마치 방금 일하다 온 직원 같은 느낌이었다. 그들은 예전부터 가끔 모임을 가지며 정보를 공유하고 있었는데 어느 날부터 보우라는 회사가 알려지면서 초대받아 갔다.

이런저런 세계 패션 주얼리 현황 이야기 중 한 분이 나에게 이런 질문을 했다. "보우 김 회장은 직원들 교육을 어떻게 시킵니까? 우리 회사 임원들이 회의 때마다 자주 보우 직원들 이야기를 하며 보우 직원들은 모두가 사장이라고 하더이다. 특히 부품 협력업체 사장들이 이구동성으로 보우 직원들은 부품 협력업체 다닐 때도 눈빛이 반짝거리고, 하나라도 더 만들려는 열정과 책임감이 어찌나 강한지 직원 모두가 사장 같다고 하는데 그 교육 비결을 좀 공유해 주시지요." 그러자 모두가 나에게 비결이 뭐냐고 물었다.

사실 나는 보우 직원들을 별도로 교육한 적이 없다. 한 달에 2~3번 해외 출장을 나가며 회사를 자주 비워서 직원들과 이야기할 시간이 없었다. 그래서 한국에 있을 때 일주일에 하루는 직원 한 명씩 돌아가며 점심을 사주고 식사하며 대화를 나눈다. 그 시간을 이용해서 나는 청년 시절에 즐겨 읽었던 카네기의 책에 나오는 일화를 떠올렸다. 카네기는 그 큰 회사의 수많은 인재를 두고 회사 정원 청소부로 들어온 초졸 임시 직원을 비서로 채용하고, 나중엔 사장으로 임명했다. 화려한 학력과 명석한 두뇌를 가진 인재들보다 주인의식과 성실함, 겸손함과 배려를 높이 산 것이다. 나는 직원들에게 "자기 월급만큼 일하는 사람은 자기도 모르게 노예의 근성이 자라고, 주인의식을 갖고 자기가 사장인 양 일하는 사람은 리더의 근성이 자란다. 여러분도 회사의 대표가 될 수 있고 회사의 중책을 맡을 수도 있으니 지금에 만족하지 말고 여러분의 꿈에 도전하라"는 말을 자주 해주었다.

보우는 한국 주얼리 업계에서 소(小) 사장을 가장 많이 배출한 회사이기도 하다. 그동안 보우에서는 경험이 많은 직원 중 여덟 명의 소사장이 자립하였다. 작든 크든 회사의 주인이 되면 모든 것을 관리하고 책임져야 하므로 보우라는 울타리 안에서 일할 때와 확연히 차이가 났다. 보우에 있을 때 잘하던 사람도 CEO가 되었을 땐 소심해져서 자기 역량을 제대로 발휘하지 못하는가 하면 보우에 있을 때보다 더 열심히, 더 잘하는 사람도 있었다.

자립해서 경영하다가 보우로 다시 입사하기를 원하면 다시 보우에서 근무할 기회를 주기도 하여 여덟 명 중 세 명은 몇 년 동안 회사를 마음껏 운영해 본 후 보우 직원으로 복귀하기도 했다. 회사를 직접 운영해 본 사람은 회사와 CEO의 애로사항을 몸소 체험해서 회사에 대한 애정이 더 깊고 더 많다는 것도 알게 되었다.

직원들의 주인의식은 회사의 가장 큰 재산이자 회사 성장의 중추 역할을 하며, 개인이 성장하는 길이기도 한 것이다. 그리고 교육보다는 직원에게 비전을 심어 주어 도전정신을 일깨워야 한다. 직원들이 하는 일을 일일이 간섭하면 직원들은 간섭하는 만큼만 할 것이기 때문에 책임과 함께 권한도 주었다.

예를 들면, 협력업체가 160개가량 되어도 각 담당자에게 모든 권한을 주어 담당자들이 관리하게 하였다. 나는 160개 협력업체 사장들을 만나지도 않고 얼굴조차도 거의 모른다. 은행 거래 역시 아무리 많은 지점장이 찾아와도 대표인 나의 의견보다는 은행 담당자의 의견이 더 중요하니 보우 은행 담당자를 만나라고 권한다.

물론 이런 방식에도 장단점이 있었다. 상하관계가 수평적이다 보니 임원들은 불만이 많다. 특히 아랫사람의 보고를 자주 받지 못해 윗사람일수록 현장에 자주 가야 한다며 임원들이 불만을 제기했는데, 나는 직급이 높을수록 현장에 자주 가서 상황을 파악해야 한다고 주장하곤 했다. 서울 본사에서 중국 공장에 궁금한 것이 있으면 먼저 담당 부서장에게 질문한다. 부서장이 잘 모르거나 확인해 본다고 하면, 부서장의 보고를 기다리지 않고 바로 담당자에게 물어본다. 그럼 다음부터 그 부서장은 모든 상황을 파악하고 있게 된다. 신입사원이 보우에 들어와 석 달 정도 되면 '보우 직원들은 모두 일에 미친 사람 같다', '사생활도 없는 것 같다'며 불평하고 못마땅해하다가 여섯 달만 지나면 자신도 똑같이 일하게 된다.

또한 보우가 거래하는 회사는 대부분 세계적인 회사이거나 대규모 회사였다. 그래서 직원들은 상대방 또는 보우 직원이 실수했을 때 실수를 인정하면 회사가 막대한 손실을 보게 되므로 잘못을 인정하지 않고 바이어와 다툴 때가 많다.

이렇게 분쟁이 생겼을 때나 직원이 회사에 막대한 손해를 끼쳤을 때 야단치지 않고 항상 직원 편을 들어 주며 직원들에게 '다툼에서 지는 법'을 가르쳤다. 상대방이 실수한 점을 정확하게 짚어 주되 보우가 재확인하지 않은 점을 더 크게 부각하여 보우가 모든 책임을 지도록 하는 것이다. 그러면 상대방도 본인의 실수를 알고 있으므로 배려해 준 것을 고마워하고 더 신뢰가 깊어져 함께 일하는 것을 즐기게 된다. 그리고 이후에 상대방이 다른 회사로 옮기더라도 항상 보우를 다시 찾아와 새로운 거래처가 저절로 생기곤 하였다.

이렇게 말하면 보우 직원도 자신의 실수를 알고 다시는 같은 실수를 하지 않게 된다. 패배자는 지는 것을 두려워하는 반면 진정한 승자는 같은 실수를 하지 않는 사람이다. 자존심을 지키기 위해 결과에 대한 책임을 남에게 미루거나 변명하기보다는, 자신이 한 일에 품위를 지키고 모든 결과에 책임을 지면서도 자신을 존중하는 자존감을 심어 주어야 한다.

인재를 얻어 일을 맡겼으면 의심하지 말아야 한다.

― 세종대왕

혁신 기업이란?

지금도 정부나 기업 모두 한목소리로 혁신을 외치지만, 2000년 대에도 국가적으로 기업혁신 운동이 한창 전개되고 있었다. 그때 중소기업혁신개발원(중기원)에서 기업혁신에 대해 교육하러 온 다는 연락을 받았다.

2000년 어느 날, 중소기업에 꼭 필요한 교육이라는 말에 대단한 교육인 줄 알고 날짜를 잡아 만났다. 아마 네다섯 명 정도 연구원과 교수, 박사님들께서 오셨던 것으로 기억한다. 혁신 교육의 필요성에 대하여 길게 설명한 후 이어진 그들의 다양한 질문에 나는 이렇게 대답했다.

"저는 사람을 좋아하고 그 사람에게 배우는 것을 좋아합니다 (愛人愛學). 제가 1991년도에 회사에 어려움이 닥쳐 회사 운영을 포기하고 문 닫으려 할 때 직원들에게서 직원과 사장은 봉급만 주고받는 관계가 아니라 '빵을 함께 먹는 가족'이라는 것을 배웠습니다. 그리고 회사 대표는 집안의 가장처럼 이익을 창출하여 직원들을 책임져야 한다는 것을 깨달았습니다. 그때 직원들에게 이러한 것을 배우지 않았다면 지금의 보우는 없었을 겁니다.

1년의 반은 해외 출장으로 회사를 떠나 있지만 단 한 번도 직원들이 일을 태만하거나 책임을 다하지 못할까 걱정한 적이 없습니다. 직원들에게 일을 맡겼으면 그 사람을 믿고, 불안해하거나 의심하지 않고 권한과 책임을 모두 주고 간섭하지 않습니다. 수출만 하는 우리 회사의 자산은 첫째도 둘째도 신뢰입니다. 이 신뢰는 양심 있는 품질과 정확한 약속을 지켜야 이어지는데, 이 또한 직원들과 협력업체의 도움 없이는 절대 불가능하지요. 모든 일은 직원들 손에 달려 있습니다.

주얼리 품질은 당장 눈으로 확인하기 어려워 직원들에게 온전히 맡겨야 하므로 자기가 하는 일이 즐겁고 보람을 느끼게 하는 것이 가장 중요하지요. 저는 창업 이래 절대로 협력업체들에 외상을 하지 않고 현금으로 지불하되, 항상 은행으로 보내고 대금을 받으러 회사로 직접 오지 못하게 합니다. 보우에 납품한다고 해서 갑과 을의 관계가 아니라는 것이지요. 협력업체가 우리 회사에 납품하는 것이 즐겁거나 행복하지 않으면 좋은 품질을 납품하지 않기 때문에 절대로 외상이나 어음 같은 수표를 발행하지도 않습니다.

또한, 아무리 회사가 어려워도 우리 회사 직원이 협력업체에 외상으로 부품을 받아 오느라 머리를 조아리거나 대금을 제대로 주지 못해 기죽게 하지 않습니다. 좋은 품질의 제품은 훌륭한 직원에게서 나오고, 훌륭한 직원은 신뢰받는 회사 생활 속에서 만들어지며, 직원 간의 신뢰와 가족 같은 분위기야말로 돈으로 계산할 수 없는 가장 보배로운 자산 가치이기 때문입니다."

나의 이야기를 한참 듣던 혁신교육 위원들은 나에게 본인들만 회의할 수 있도록 잠시 자리를 비워 달라고 하더니 회의를 마친 후 말했다.

"보우는 이미 혁신적인 방법으로 기업을 운영하고 있어서 더 이상 교육이 필요 없습니다. 혹시 대표님은 국제경영학을 전공하셨나요? 업종을 보면 디자인을 전공하신 것도 같고, 무엇을 전공하셨는지 … ?"

그들은 빙그레 웃기만 하는 나를 쳐다보며 고개를 갸우뚱하다가 돌아갔다.

나는 혁신경영이 무엇인지 공부하지는 않았지만 가장 기본적인 것에 충실하다 보니 직원을 생각하게 됐고, 협력업체를 배려하며 고객의 입장을 고려했을 뿐이다. 경영자는 직원들의 일상적 업무까지 일일이 통제하지 않아야 하며, 발전적인 업무체계를 수립하고 유능한 직원을 배치하고 일이 제대로 진행되도록 정확한 방향을 설정해야 한다. 만일 직원이 최선을 다하도록 경영자가 나서서 관리 감독해야 한다면, 이는 직원을 잘못 뽑았거나 업무체계에 문제가 있는 것이다.

세상에서 가장 어려운 일은
세상을 바꾸는 것이 아니라 나 자신을 바꾸는 것이다.

It's a small world

세상이 좁다는 말이 있지만, 같은 사람을 그것도 다른 나라에서 여러 번 우연히 만난 경험이 있다. 시작이 좋은 인연이 아닌 끝이 좋은 인연이어야 한다. 시작은 나와 상관없더라도 인연을 어떻게 마무리하는가는 모두가 나 자신에 달려 있기 때문이다.

'고르비'

포르투갈 리스본에 있는 내블렉스(Nablex) 대표 아르빈(Arvind). 그는 인도 사람으로 부모 형제 온 가족이 리스본에 살면서 아시아에서 수입한 제품을 유럽과 아프리카에 수출하는 무역을 하고 있었으며, 보우와는 1990년부터 거래를 시작했다.

1990년 9월 파리 비조리카 주얼리 전시회에 우여곡절 끝에 겨우 참가했을 때 보우 전시 부스를 찾은 아르빈 일행을 처음 만나 거래가 이루어졌다. 전시장에서 미팅 결과에 만족한 아르빈은 더 많은 제품을 보러 바로 다음 달 한국을 방문했고, 구소련의 고르바초프를 닮았다 하여 나와 우리 직원들은 그를 "고르비"라고 불렀다.

1992년 1월 이탈리아 밀라노 치비카(Chibica) 주얼리 전시장에 서였다. 내가 새로운 디자인을 찾느라 이리저리 둘러보고 있는데 누군가 뒤에서 "미세스 킴" 하고 불러 뒤돌아보니 아르빈이었다. 아르빈은 조카와 함께 영국에 갔다가 밀라노 전시장에 들렀단다. 우린 너무나 반가워 함께 전시장을 둘러보며 새로운 디자인에 대해 많은 의견을 나누었다. 전시장을 둘러본 후 밀라노에 있는 식당에서 함께 밥을 먹었고, 호텔에서의 외로운 저녁 식사가 즐겁고 행복한 시간이 되었다. 다음 날에는 함께 밀라노 시장을 조사하고 밀라노 대성당을 둘러보기도 했다.

1992년 3월 코트라 시장 개척단과 남유럽 출장을 갔을 때는 포르투갈 리스본을 방문하여 상담을 마친 후 주말엔 아르빈 가족과 함께 '바르코스'(Barcos)라는 멋지고 아름다운 해변에서 주말을 보냈는데, 아름다운 부인이 맛있는 점심을 준비해 와서 행복하고 즐거운 피크닉이 되었다.

저녁에는 멋진 해산물 식당인 클라라(Clara)에서 즐거운 식사

1992년 밀라노 성당 광장에서 아르빈과 함께

시간을 보냈다. 주말 동안 함께 즐기며 정이 든 그의 아들이 나를 따라 한국에 가겠다고 떼를 쓰던 모습이 기억에 남았다. 그 후 4년간 아르빈은 한국과 포르투갈을 오가며 무척 열정적으로 사업했다. 그는 한국 제품에 매료되었고 회사도 잘되어 1년에 네 번 정도 한국을 방문하기도 했다.

그러나 한창 잘나가던 아르빈이 다리를 다쳐 조카가 대신 한국에 출장 오곤 하더니 갑자기 소식이 뚝 끊겼다. 이후 마지막 만남은 너무도 충격적이었다. 1997년 남아프리카공화국 요하네스버그 박람회에 참가했을 때, 하루는 같이 온 단원들과 함께 호텔 식당 대신에 행사장 부근 중국 식당에서 저녁 식사를 했다. 식사를 끝내고 막 일어서려는데 누군가 뒤에서 "미세스 킴" 하고 불렀다.

깜짝 놀라 뒤돌아서 보니 바로 아르빈이었다. 이게 웬일인가? "고르비!" 난 내 일행이 지켜보는 것도 잊은 채 여러 테이블을 지나 그에게로, 그는 다리를 절며 무거운 몸을 이끌고 나에게로 왔다. 우린 너무도 감격해서 얼싸안고 한동안 말을 잇지 못했다. 이게 얼마 만인가? 3년간 소식이 없다가 아프리카 최남단 요하네스버그의 조그마한 중국 식당에서 만난 것이다. 우린 너무도 반가워 그의 식사가 다 식는 것도, 그의 형이 식사도 잊은 채 우리를 쳐다보고 있는 것도 모르고 풀리는 실타래처럼 끝없이 지난 이야기를 이어 갔다. 어린 시절 죽마고우를 만난 것처럼!

그의 회사는 조카가 개발한 중국산 주방기구 제품을 대량으로

수입했다가 샘플보다 훨씬 낮은 품질의 제품을 받아 자금이 회수
되지 않아 많은 어려움을 겪었다. 1996년에 아르빈과 형의 가족
이 모두 모잠비크로 이주했고, 형과 함께 케이프타운에 수금하러
왔다가 돌아가던 중 묵고 있는 모텔 옆 중국 식당에 온 것이란다.

그의 형과 함께 내가 묵는 호텔까지 밤길을 걸으며 많은 이야
기를 나누고 추억을 되새겼다. 아프리카의 밤이 깊어 가는 호텔
카페에서 다시 이야기는 이어졌으나, 다음 날 새벽에 떠나야 할
그들과 내일 전시장에서 고생할 나의 일정을 고려하여 아쉬운 작
별을 해야만 했다. 그렇게 떠나가던 그는 다시 돌아와 마지막으
로 이렇게 말했다.

"미세스 킴, 당신은 여전히 특별하고 신기한 사람이에요. 저와
제 가족은 당신을 매우 좋아합니다. 당신을 사랑하고 늘 보고 싶
을 거예요."

그는 무겁고 큰 몸으로 천천히 걷다 몇 번을 뒤돌아보고 어둡
고 낯선 아프리카의 어둠 속으로 사라졌다.

인간의 감정은 누군가를 만날 때와 헤어질 때
가장 순수하고 가장 빛난다.

어느 중동 바이어와의 운명적 만남

1987년 5월경, 쿠웨이트에 위치한 G사 바이어와 상담 약속이 있어서 워커힐호텔로 픽업을 갔다. 호텔 로비에서 만난 바이어는 낯이 많이 익은 것 같지만 중동 바이어는 처음이라 그냥 지나쳤다. 오전 내내 회사에서 상담을 끝내고 점심을 먹었는데 바이어도 나를 어디선가 본 것 같다고 했다. 둘 다 어디서 만났는지 기억하지 못하다가, 이야기 도중 워커힐호텔의 아침산책 코스가 좋다는 바이어의 말을 듣고 문득 생각이 났다.

4년 전 이 비즈니스를 시작하기 전에 나는 두 아이를 데리고 자주 워커힐호텔에 가서 산책했다. 자주 오다 보니 산책 길가 어디에 쑥이 많고 달래가 많은지도 알게 되어 나만의 나물 뜯는 비밀 구역이 있었다.

1984년경 어느 따뜻한 봄날, 그날도 두 아이에게 산책길 벤치에서 책을 보게 하고 나는 비탈길에서 나물을 뜯느라 정신이 없었다. 그때 갑자기 딸이 약간 울음 섞인 소리로 "엄마 어디 있어요? 빨리 오세요"라고 불렀다. 허겁지겁 아이들 있는 곳으로 가보니 키가 작은 중동 남자가 우리 아이들과 같이 있었다. 그는 나를 보자 빙그레 웃으며 인사를 건넸고, 짧은 영어로 내가 대충 알아들은 그의 이야기는 아이들이 무척 귀엽다는 것과 사업상 서울에 왔는데 오전 미팅이 취소되어 산책 중이라는 것이었다.

그리고는 시간이 많은지 아예 벤치에 앉으며 잘 알아듣지 못하는 영어로 말을 이어 갔다. 우리 꼬맹이들은 내가 영어를 아주 잘 알아듣는 줄 알고 신기한 눈으로 쳐다보고 있었다. 그리고 헤어진 후 아이들을 데리고 호텔 커피숍에 가서 샌드위치와 커피를 시켜 점심을 먹으려는데, 그 중동 아저씨도 식사하러 왔다가 만나서 반가워하며 합석했다.

그는 이 호텔이 전망도 좋고 서비스도 좋으며 산책 코스가 있어서 도심에 있는 호텔보다 편하다고, 많은 한국 건설회사가 중동에서 일하기 때문에 한국이 중동 사람에게는 친밀감이 있고 믿음을 준다고 했다. 이어서 자기 가족 이야기도 하더니 다음 미팅이 있어서 먼저 간다며 우리에게 이야기도 하지 않고 우리 점심까지 계산하고 갔다. 바로 그를 4년 후 다시 만난 것이다.

세상에 이럴 수가…. 너무나 뜻밖이고 놀라워 우리 둘은 반가움에 다시 뜨거운 악수와 포옹을 했다. 그는 "이렇게 비즈니스로 다시 만난 것도 알라의 뜻이다. 좋은 비즈니스 파트너가 되도록 노력하겠다"라고 다짐하면서 너무너무 행복해했다.

그 바이어는 1년에 3~4번 한국을 방문하여 꾸준히 거래하고 있었는데 1990년 이라크가 쿠웨이트를 침략한 걸프전이 터지면서 소식이 끊겼다. 난 걱정되어 여러 번 전화했지만 받지를 않았다. 이후에도 여러 번 텔렉스를 보냈더니 어느 날, "미세스 킴, 저는 괜찮습니다. 걱정하지 말고 곧 만나요. 감사합니다"라고 안부 전

운명적 인연으로 만난 쿠웨이트 바이어와 함께

화가 한 번 왔다. 그러나 이후로는 여러 번 편지를 보냈지만 모두 되돌아오고 지금까지 소식이 없다.

중동 사람이지만 마음과 문화가 유럽 사람처럼 열려 있었고, 중동 특유의 옷도 입지 않았으며, 마음이 따뜻했던 그 중동 아저씨는 오랫동안 잊히지 않았다. 대통령 쿠웨이트 순방길에 경제 사절단으로 참가했을 때도 혹시나 하고 알아보았으나 전혀 소식을 알 길이 없었다. 걸프전으로 수많은 사람이 희생되었다는 소식이 들려 그를 생각하니 마음이 아팠다.

항상 운이 좋다고 생각하라.

정해진 운명은 없다. 운명은 내가 더 좋게 바꿀 수 있다.

피에르의 장미꽃

피에르(Pierre)는 프랑스 바이어로, 1990년 그가 한국을 방문했을 때 코트라를 통해 처음 만났다. 그는 1990년 9월 파리 비조리카 주얼리 전시회 당시 한국 기업인에게 부스 배정을 거절하여 어려움을 겪은 나를 많이 도와준 고마운 바이어다.

1992년 1월 영국 출장을 마치고 밀라노 치비카 페어를 참관했는데, 둘러보느라 다리가 아파서 전시장 안 카페에서 커피를 마셨다. 전시장에서 본 디자인도 정리하며 전시 분위기를 적고 있는데 누군가 큰 소리로 "미세스 킴!"이라고 불러서 깜짝 놀라 쳐다보니 피에르였다. 피에르는 "세상이 정말 좁군요"(It's a small world)를 연거푸 외치며 반가워했다. 전시장에서 오전에 나를 한 번 스쳐 지나갔는데, 설마 '한국 보우 미세스 킴은 아니겠지?' 하고 그냥 지나쳤다가 자기도 너무 피곤하여 호텔로 가기 전에 카페에서 조금 쉬러 왔다고 했다.

여기서 이렇게 만날 줄이야. 나도 피에르도 너무도 반가워 어쩔 줄을 몰랐다. 영국에서 미팅을 마치고 밀라노 주얼리 전시장에 왔다는 나의 말에 아주 잘되었다며 보우 샘플이 보고 싶다고 바로 상담을 하자고 했다. 우리는 오후 4시에 호텔 로비에서 만나기로 약속하고 헤어졌다. 그날 나는 호텔 비즈니스 라운지에서 내가 영국 바이어를 위해 가져온 샘플의 대부분을 주문받았다.

이 얼마나 우연이고 행복한 일인가! 비즈니스 미팅을 마치자 피에르는 "밀라노는 내가 더 잘 아는 곳이니까 멋진 저녁을 먹자"며 신나게 앞장서서 식당을 안내하며 어린아이처럼 기뻐했다. 그 모습에는 즐거움을 넘어 행복함이 가득해 보였다. 그리고 우리는 1993년 홍콩 컨벤션센터 옆의 하버뷰호텔 로비에서도 우연히 만났다. 피에르도 홍콩 패션 주얼리 전시장을 참관하러 왔다고 했다. 피에르는 홍콩을 들러 한국에서 3일 후에 보우와 상담하기로 약속했는데, 서울에 갈 필요가 없게 되었다며 무척 기뻐하였다.

다음 날 전시장을 함께 다니며 전시된 다른 회사 제품을 보고 응용해서 만들어 달라는 주문까지 하였다. 그날 함께 저녁을 먹고 호텔 방에 돌아온 나는 깜짝 놀랐다. 방안 가득한 장미, 내 주먹보다 크고 싱싱하고 아름다운 빨간 장미 향기가 호텔 방 가득했다. 태어나서 이렇게 크고 싱싱한 장미는 처음 보았다. 전화를 걸어 고맙다는 나의 인사에 피에르는 "미세스 킴을 만나 시간도 절약하고 경비도 절약한 내가 100배는 더 고맙소"라고 했다.

그 만남이 있고 난 뒤에는 홍콩 전시회에 올 때마다 미리 약속을 잡은 후 샘플을 가지고 만나 주문을 받곤 하였다. 프랑스인 특유의 친절함과 섬세함을 가진 피에르는 만날 때마다 프랑스와 유럽의 패션 동향을 자세히 설명해 주고 주얼리에 관한 여러 가지 패션 잡지나 책들을 사 와서 나에게 한 보따리씩 주고 갔다. 피에르는 보우 상품을 사주는 '갑'이 아니라 언제나 나의 비즈니스를 도와주고 즐겁게 해주는, 어릴 적 친구같이 믿음직스럽고 고마운 바이어였다.

1998년부터 보우가 글로벌 명품 브랜드 회사들과 새로운 사업을 하면서 그와 소원해졌는데 2018년 10월 대통령 유럽 순방 때 파리에서 다시 만났다. 20년 만에 할머니 할아버지가 되어 만난 것이다. 피에르는 하얀 머리에 환한 웃음을 가득 안고 노란 장미 한 다발을 나에게 안겨 주었고, 우리는 따뜻하며 그리움이 흠뻑 담긴 포옹을 하였다.

1
———
2

1. 1992년 밀라노 치비카 페어에서
2. 2018년 10월 대통령 순방 때 파리에서 받은 노란 장미

마이클의 구멍 난 양말

1997년 9월 어느 날 뜻밖의 사람에게서 전화가 왔다. 바로 마이
클이었다. 영국 사람인 그는 워싱턴의 세계은행(World Bank)에
근무하면서 재개발국가 금융지원을 맡고 있었다. 마이클은 한국
정부에 일이 있어서 왔다며 다음 날 장충동에 있는 타워호텔 레
스토랑에서 저녁을 먹자고 했다.

그를 처음 만난 건 말레이시아 쿠알라룸푸르에 있는 어느 호텔
에서다. 아침 일찍 수영장에서 혼자 수영하는데 나이가 많은 남
자가 오더니 수영은 거의 하지 않고 나만 자꾸 바라보는 것 같았
다. 그래서 수영을 중단하고 수영장을 나오려 하자 그가 웃으며
다가와 아주 부드러운 어조로 "수영을 잘한다. 만나서 반갑다"라
고 인사하기에 웃으며 목례만 하고 헤어졌다.

그날 상담을 마치고 늦은 밤 귀국 비행기를 타야 하는데 호텔
이 만실이라 일찍 체크아웃하고 로비에서 책을 보고 있었다. 마
이클도 마찬가지라 로비에서 시간을 보내는 중이었다. 호텔 로비
라운지에서 차를 마시며 이야기하던 중 그가 나와 같은 비행기로
서울에 가서 워싱턴행 비행기로 갈아탄다는 것을 알았다. 우리는
함께 많은 시간을 보내면서 다양한 이야기를 나누었다.

다시 돌아와서, 갑작스레 연락을 받은 그날은 사실 원자력연구
소에 계시는 노 박사님과 저녁 식사 선약이 있었다. 하지만 마이

클은 멀리 미국에서 왔으니 노 박사님께 양해를 얻고 저녁에 약속 장소로 나갔다. 저녁 식사를 하면서 한국 일정을 묻는 나에게 마이클은 다음 날 영국 대학에서 함께 공부한 한국인을 만난다며 그가 원자력연구소 원장이라고 하기에, 나는 혹시 노 박사님이 아니냐고 물었다. 내가 노 박사님과 가까운 것을 안 마이클은 무척 놀라며 "세상이 참 좁군요!" 하고 우리의 인연이 신기하다며 좋아했다.

마이클이 다녀가고 얼마 후 한국은 IMF 구제금융 신청을 발표했다. 나중에 알고 보니 마이클은 이 문제로 한국에 온 것이었다.

마이클이 또다시 한국에 방문했을 때는 우리 집 가까이에 있는 일식집으로 초대하였는데 마침 온돌방이어서 신발을 벗어야 했다. 구두를 벗은 마이클 발을 보고 난 소스라치게 놀랐다. 마이클의 양쪽 양말에 구멍이 크게 나서 발가락 두 개가 쑤욱 고개를 내밀고 있었던 것이다. 마이클은 조금도 당황하거나 부끄러워하지 않는데 내가 다 어쩔 줄 모르고 당황했다. 그는 아내가 영국에 있고 본인은 워싱턴에 있다 보니 떨어진 양말을 기우지 못했다며 빙그레 웃었는데, 나는 그 모습이 무척 인상 깊었다.

마이클이 다녀가고 얼마 되지 않아 한국에서는 구제금융 종결 발표가 났지만, 그는 그런 이야기는 전혀 하지 않았다. 그 후 내가 뉴욕이나 샌프란시스코에 출장 가면 마이클이 주말에 달려와 맛있는 것도 사주고 비즈니스에 도움이 되는 대화도 나누곤 했다.

그럴 때 그가 가끔 소매가 낡고 색상이 바랜 셔츠를 입고 나타나도 그의 소탈함을 아는 나는 전혀 놀랍지 않았다. 그는 아시아와 아프리카로 출장을 가면 꼭 서울을 거쳐서 시간을 내어 나와 이런저런 세상 이야기를 나누다 가곤 하였다.

어느 해 겨울엔 그가 런던 집에서 휴가를 보낼 때 내가 런던을 방문하게 되었다. 마이클은 아는 호텔을 싸게 예약해 주고 공항 픽업도 해주었으며, 호텔에 체크인한 후 함께 저녁 식사를 했다. 이른 저녁 식사 이후 나는 보우가 만든 제품을 보러 헤롯백화점에 갔고 마이클은 집으로 갔다.

나는 백화점을 다 둘러보고 호텔로 가려 했는데, 갑자기 호텔 이름이 생각나질 않았다. 호텔 예약을 마이클이 해주었고 공항에서 호텔까지 마이클이 데려다주어 잊고 있었다. 밖은 이미 어두워졌고 바람이 불고 눈은 펄펄 내리는데 호텔 위치도 이름도 기억나질 않았다. 너무도 황당하여 눈앞이 깜깜했다. 호텔 방 키를 프런트에 맡기고 호텔 주소와 마이클 전화번호가 있는 파일도 호텔 방에 두고 나온 것이다.

아무리 생각을 더듬어 보아도 당황스러워 아무것도 기억나지 않았다. 이런 실수를 하다니 … . 택시를 기다리는 동안 겨우 생각해 낸 것이 어느 대학을 지나간 것이었다. 택시를 타고 그 대학까지 가서 밤늦도록 추위에 떨며 호텔을 찾던 기억은 잊을 수가 없다.

이후 마이클은 세계은행을 퇴직하였고, 가끔 아내와 여행하고 있다는 소식을 엽서로 보내온다.

깨어진 유리잔

1992년 7월 코트라에서 "인터콘티넨탈호텔에 영국의 아주 큰 바이어가 와 있으니 가서 상담하라. 이미 이 회사는 여러 한국 업체와 거래하고 있으나 찾고 있는 제품을 발견하지 못해서 보우에 추가 미팅을 요청한다"고 연락을 해왔다. 그 바이어는 인도계 영국인으로 영국에서 영국과 아프리카 상대로 주얼리 도매 사업을 하고 있으며, 한국에서 이미 큰 회사들에 인기가 많다고 했다.

바이어가 찾는 제품과 비슷한 것을 몇 개 가지고 인터콘티넨탈호텔로 갔는데, 그를 보고 나는 너무도 놀랐다. 그는 1987년 내가 처음 런던으로 출장 갔을 때, 추운 눈길에 택시를 타고 1시간 넘게 찾아갔더니 미팅한 지 10분도 안 돼서 떠나 버린 그 회사 사장이었던 것이다. 나는 그 사장을 알아보았지만 상대방은 우리 회사와 나를 알아볼 리가 없었다.

미팅하는 동안에도 나는 아는 내색을 하지 않았다. 그는 내가 가지고 간 제품들이 그 회사가 찾던 제품이라고 너무나 좋아하면서 "한국에 이렇게 좋은 품질의 회사가 있는지 몰랐다. 앞으로 서로 도우며 잘해 보자. 기대가 크다"라며 매우 칭찬했다. 4년 전 내가 런던으로 찾아갔을 때 눈길 한번 안 주고 냉랭하게 나가며 큰 실망과 참담한 상처를 주었던 그때의 태도가 아니었다.

미팅은 아주 잘되어 즉석에서 주문을 받았다. 그리고 영국으로 돌아가기 바로 전 미팅이라 아쉽다며 보우가 자신하는 오픈 샘플을 많이 보내 달라고 하였다. 주기적으로 샘플을 보내 주어 주문은 계속 이어지던 어느 날 "이 주문은 특별히 생산 납기를 최대한 빨리해 주기 바란다"는 메시지와 함께 주문장이 왔다.

우린 며칠씩 야근까지 해가며 생산해서 그들이 원하는 선적 날짜보다 하루 먼저 선적한 후 아주 자랑스럽고 으쓱한 기분으로 선적 스케줄을 보내 주었더니 "왜 우리에게 선적한다는 통보도 안 하고 벌써 선적한 겁니까? 우린 운송수단을 비행기가 아니라 배로 바꾸려 했습니다. 그러니 비행기로 선적하는 비용에서 배로 선적하는 비용을 제외하고 보내겠습니다"라는 답변을 해왔다.

분명 오더장에는 항공 운송(by air)이라 표시되었건만 우리는 보우가 선적하겠다는 통보를 미리 하지 않은 책임이 있다는 점을 인정해서 쾌히 승낙했다. 하지만 나중에 명세서를 받아 보고 얼마나 놀라고 황당했는지! 명세서에는 운송 비용만 낮춘 것이 아니라 당연히 자기들이 지급해야 하는 트래킹 비용과 잡다한 다른 비용까지 모두 우리가 지급하는 것으로 되어 있었다.

화가 머리끝까지 치솟았다. 너무도 터무니없고 비상식적이었

다. 이 회사와 거래하는 다른 한국 회사에 알아보니 아주 횡포가
심하지만 거래가 크다 보니 참는다고 했다. 하지만 난 참을 수가
없었다. 이 회사에 "오케이, 너희가 요구하는 비용 모두를 승인
한다. 하지만 더 이상 너희와 거래를 원치 않으며 현재 주문되어
있는 것 모두 취소다"라고 보냈더니 그쪽에서 난리가 났다.

주문한 것은 선적해 주어야 한다고 처음엔 협박조로 나오더니
나중엔 운송 비용과 모든 비용을 취소할 테니 이번 오더는 꼭 선
적해 달라고 했다. 나는 "보우는 더 이상 당신 회사를 믿지 못하
며 거래하고 싶은 의욕이 없고 이렇게 치사한 거래는 하고 싶지
않다"고 통지했다. 그 회사는 런던에 있는 코트라에 항의했고 코
트라에서도 나에게 영국에서 주얼리로는 커다란 회사니 이번엔
보우가 양보하라고 만류했다.

하지만 나는 회사가 크다고 '갑질' 하는 것은 싫다고 했다. 나는
단호하게 거래를 끊었다. 미련이 없었다. 그 뒤 몇 년이 지난 어
느 날 런던에서 한국으로 오는 비행기 안에서 우연히 그를 또 만
났으나 모른 척했다.

깨어진 유리잔을 붙이는 것보다
새로운 잔을 만드는 것이 훨씬 낫다.

152

원수는 외나무다리에서 만난다

어느 날, 중국 칭다오에서 한국으로 오는 비행기 안에서 우연히 만난 사람이 있다. 그것도 바로 옆자리에서! 당시는 중국 칭다오 공항이 한창 증축할 때라 탑승 게이트 없이 버스를 타고 가서 탑승하곤 했다. 하지만 대한항공 마일리지가 100만이 넘은 나는 버스를 타지 않고 비행기 출발 직전까지 일등석 라운지에 있다가, 공항 지점장님이 승용차로 비행기 탑승장까지 데려다주시곤 했다. 그날도 비행기가 곧 출발할 시간이 되어 탑승하고 내 자리를 찾아갔는데, 옆자리 남자가 고개를 창가로 돌리고 있다가 내가 앉으려 하니 고개를 돌리며 뻘건 얼굴로 땀을 줄줄 흘리며 어설프게 인사를 하는 것이었다.

"아이구, 김 회장님, 안녕하십니까. 건강하시지요? 제가 그때 너무 어렵고 사정이 좋지 않았습니다. 여러 가지로 피치 못한 사정이 있었습니다. 죄송합니다. 정말 죄송합니다."

IMF 외환위기 때 이 남자가 운영하는 회사에 보우가 수출한 대금 중 상당 금액의 미수금이 남았는데 계속 지급하지 않고 소식이 없었다. 여러 번 편지를 보내다가 내가 미수금을 받으러 미국 LA까지 찾아갔는데도 나 죽여 줍쇼 식으로 도저히 갚을 의도가 없음을 알고 돌아온 적이 있었다. 그 이후에도 여러 번 독촉했지만 소식이 없다가 비행기 바로 옆자리에 나타난 것이다.

원수는 외나무다리에서 만난다는 우리나라 속담처럼, 이러저러한 이유를 계속 대며 땀을 뻘뻘 흘리는 모습을 도저히 볼 수가 없었고 나 역시 너무 불편하였다. 이러다 비행기 안에서 무슨 사고라도 날 것 같아 기내 사무장에게 옆 사람이 이상한 병이 있는 듯하니 자리를 옮겨 달라고 하여 내가 자리를 피해 주었다. 그 재미교포는 이후에도 미수금을 갚지 않았다.

코트라맨

나의 비즈니스에서 코트라맨, 즉 코트라 직원들과의 이야기는 빼놓을 수 없다. 2013년 어느 날 코트라에서 정상외교 경제활용포털 자문회의에 참석해 달라는 통지를 받고 20년 만에 코트라에 가는 나는 감회가 새로웠다. 1985년 사업을 시작한 이래 10년을 내 집 다니듯이 세계의 코트라를 다니며 도움받았던 때가 영화 스크린처럼 지나갔다.

그리고 나는 회의장 문 앞에서 깜짝 놀랐다. 1987년 보우가 처음 해외 시장 개척단에 참가했을 때 인솔자였던 분이 멋진 본부장님이 되어 하얀 머리로 밝게 웃으며 맞이해 주셔서 얼마나 감격스럽고 가슴이 뭉클한지 ….

앞서 이야기했듯, 김 본부장님이 뉴욕 무역관에 근무하고 계실 때 1991년 3월 뉴욕 출장을 가서 만난 적이 있었다. 당시 과장이 셨던 본부장님 댁에서 저녁을 먹었는데, 그때 먹었던 고추장 멸치볶음이 오랜 기간 해외 출장 중이던 내게 어찌나 꿀맛이었는지, 지금도 그때를 떠올리면 군침이 돈다.

30년 전 내가 찾아다니며 도움을 받은 무역관 관장님, 직원들은 거의 은퇴하시거나 본부장이 되어 은퇴를 앞두고 계신단다. 세계 주요 도시에 있는 70여 개의 코트라 지점들을 찾아다니며 바이어들과의 미팅을 위한 도움을 받은 나는 대한민국에서 가장 많은 코트라 무역관을 방문했고, 가장 많은 도움을 받았고, 가장 많은 코트라맨을 만난 사람일지도 모른다.

영국 런던에서 만났던 김 관장님을 사우디아라비아 제다 또는 말레이시아 쿠알라룸푸르에서 만난 것처럼 이탈리아 밀라노에서 뵌 분을 브라질이나 아르헨티나에서, 싱가포르에서 뵌 분을 러시아에서 만나기도 했다. 수많은 코트라맨들을 다른 나라에서 여러 차례 만날 때마다 "세상이 이리도 좁군요!"를 외칠 때가 많았다. 그들의 노고에 깊은 감사를 드린다.

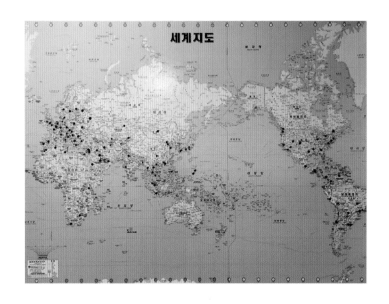

세계지도

내가 다녀온 세계 코트라 무역관

가장 강한 사람

가장 강한 사람은 힘이 센 사람도, 지위가 높은 사람도, 엄청난 부를 소유하거나 학력이 높은 사람도 아닌 도와주는 사람이 많은 사람이다. 아무리 힘세고 권력이 강한 사람도 도와주는 사람이 많은 사람을 이길 수 없다.

와인 같은 친구

스티브(Steve)는 나에게 아주 특별한 친구이자 가장 오래된 바이어이다. 그는 본인이 직접 디자인해서 미국 회사에서 별도로 주문 제작한, 세계에서 하나밖에 없는 차를 타고 다닌다. 1987년 그를 처음 만나고 나서 이듬해 즈음 내가 홍콩에 방문했을 때, 스티브는 세계에서 하나밖에 없는 멋진 레이스카를 타고 공항에 마중 나와 나를 깜짝 놀라게 했다. 요즈음에는 메뚜기처럼 생긴 차를 제작하여 타고 다닌다.

1987년 가을쯤 싱가포르에서 처음 만난 이 친구는 영국계 뉴질랜드 사람으로, 그 당시 홍콩에 본사를 둔 '골드 링크'(Gold Link)라는 고급 영국 주얼리 브랜드를 만들었다. 이 회사는 홍콩, 싱가포르, 중국, 필리핀, 말레이시아, 태국에 지사를 두고 백화점에서 소매업을 하고 있었다.

스티브를 만난 지 1년 만에 보우는 골드 링크의 모든 제품 생산을 맡았다. 1년에 세 번 정도 한국에서 미팅을 진행하면 6개국에서 다양한 국적의 지사장들이 모여 회의했다. 보우 한국 사무실에서 종일 새로운 디자인을 상담하고 의논해도 그들의 이어지는 농담과 우스꽝스러운 이야기 덕분에 전혀 비즈니스 미팅으로 느껴지지 않았다. 그들과의 미팅은 아주 재미있고 편안해서 내가 가장 사랑하는 미팅이다.

무엇보다도 함께 일한 지 1년이 지나자 스티브는 미팅 때마다 가격을 묻지도 않았다. 미팅할 때는 항상 디자인과 스타일만 정하고 내가 가격 리스트를 팩스나 이메일로 보내 주면 무조건 오케이였다. 그는 단 한 번도 내가 제시한 가격에 이의를 제기하지 않았고, 지난 36년간 단 한 번도 가격이 문제가 된 적이 없다. 나를 신뢰하고 믿는 스티브 팀 모두에게 가슴 찡하도록 고마운 마음이며, 그에 대한 보답으로 나는 언제나 정직한 가격에 품질 신용을 지켜 주고자 최선을 다했다.

각 나라 지사장들과 스티브와 나를 포함한 아홉 명이서 가끔 태국이나 필리핀으로 휴가를 가기도 하였는데, 휴가 내내 가족같이, 죽마고우같이 마음으로 소통하고 재미있게 보내며 힐링하기도 하였다. 홍콩이 영국에서 중국으로 반환되기 직전 보우가 홍콩 주얼리 전시회에 참가했을 때는 전 직원이 전시회장에 찾아와 도와주고 축하해 주고 매일 돌아가면서 식사를 챙겨 주었다. 나는 가슴이 뭉클해져서 비즈니스를 떠나 가족 같은 깊은 정을 느꼈다.

1996년의 어느 날 스티브는 영국인 친구 데이비드 배로(David Barrow), 미국인 친구 대릴 코헨(Darryl Cohen)과 함께 한국으로 나를 찾아왔다. 데이비드가 새로운 헤어 액세서리를 개발할 사람을 찾자 스티브는 내가 적격자라면서 그들을 직접 서울로 데려온 것이다. 보우에서 액세서리를 개발하면 데이비드는 영국에서, 대릴은 미국에서, 스티브는 동남아에서 팔기로 했다.

시작 과정은 어려웠지만, 성공적으로 개발한 헤어 액세서리는 처음부터 불티나게 팔렸다. 하루에 2만 개를 선적해야 했는데, 밤낮으로 공장을 돌려도 처음 몇 달은 일주일에 3만 개만을 선적했다. 나중엔 숙달이 되어 일주일에 10만 개씩 선적하면서 2년 만에 1천만 개를 수출하였다. 가장 짧은 기간에 가장 많은 물량을 수출한 그때 나는 팀워크가 얼마나 중요한지를 배웠고 또한 서로 믿고 신뢰하면 눈부신 결과가 나온다는 것을 깨달았다.

3년간 1천만 개나 수출한 헤어 액세서리

대릴은 미국에서 홈쇼핑이 대박이 나면서 600만 개 이상의 액세서리를 팔았고, 갑부가 되어 샌프란시스코 해변에 저택과 보트를 사고 회사를 정리한 후 잠적했다. 스티브는 그 뒤에도 미국인 친구 제프(Geff)를 보우에 소개하여 오랜 기간 거래하였고, 제프 역시 그의 친구를 또다시 보우에 소개하였다. 이렇게 스티브는 나의 비즈니스를 가족같이 도와주었다.

스티브도 한때 몹시 어려운 상황이 있었다. 보우에 제품 결제 대금 50만 달러 정도를 주지 못해서 5년간 나누어 결제할 정도였다. 그러나 나는 단 한 번도 그에게 결제를 재촉하거나 주문을 미루지 않고 기다려 주었고, 정직하고 성실한 스티브는 무난히 전액을 돌려주었다. 그 후 그의 회사 골드 링크는 점점 확장되어 지금은 크고 튼튼한 회사가 되었다. 스티브는 나에게 오래된 와인 같은 오랜 친구이자 동반자이다.

좋은 사람들이 서로 믿고 도우며
좋은 사람들을 만나게 해주는 것은 참으로 커다란 축복이다.

신뢰와 믿음의 중요성

처음 무역을 시작한 1985년, 나는 외환은행과 거래하면서 수출 물건을 선적한 후 무역 서류 만드는 방법을 배웠다. 그때만 해도 은행 문턱이 꽤 높았고 거래 규모가 작은 보우는 은행 직원에게는 아주 성가신 고객이라는 걸 은행에 갈 때마다 느꼈다. 그래서 바로 옆 건물에 있는 조흥은행으로 옮겼지만, 여전히 은행 거래는 수월하지 않았다.

그러던 어느 날, 지인이 한국 최초의 여자 지점장이 조흥은행 (현 신한은행) 잠실지점에 오셨다며 보우의 작은 사무실에 모셨다. 여자 지점장이라는 점도 놀랐지만 내가 병아리 수출업자라는 것을 말씀드렸더니 수출하는 데 어려운 점이 있으면 수출 담당자에게 이야기해 놓을 테니 어려워 말고 바로 옆 건물이니 언제든지 와서 배우라고 했다. 지점장님의 배려로 보우 직원은 수월하게 무역 업무를 잘 배워 조흥은행에 늘 고마워했다.

그리고 얼마 후 보우는 수입에만 의존하던 줄난(rhinestone cup chain)을 스와로브스키의 크리스털 스톤을 사용하여 한국 최초로 자동으로 개발하였다. 이에 원자재 원가가 대폭 절감되자 보우의 스와로브스키 줄난으로 만든 제품이 불티나게 수출되었다.

보우가 사용하는 크리스털 스톤 양이 점점 늘어나고 신용이 쌓여 가자 스와로브스키 오스트리아 본사는 보우가 한국지점을 통

스와로브스키컵체인으로 만든 보우 자체 브랜드 마텔리 제품

하지 않고 직접 수입할 수 있도록 허락해 주었다. 처음에는 한 달에 한 번 정도 수입했으나 점점 물량이 늘어나고 결제도 꼬박꼬박 잘해 더욱 신뢰가 쌓였다. 그러자 스와로브스키 본사는 보우에 대단한 특혜를 주었다. 원래는 수입할 때마다 수입 대금을 결제했는데 이제는 한 달씩 모아서 다음 달 첫 주에 결제해도 된다는 것이다.

이렇게 본사에서 큰 혜택을 받던 중, 1997년 IMF 외환위기가 터졌다. 갑자기 달러 환율이 치솟더니 매일 오르기 시작했다. 전례가 없는 사태에 우리는 며칠이면 다시 회복하는 줄 알고 스와로브스키 본사에 대금 결제를 미루어 달라 말했고 본사에서도 흔쾌히 승낙하고 기다려 주었다. 그러나 환율은 계속 올라갈 뿐 내려올 줄을 몰랐다. 그래도 한번 믿어 준 오스트리아 본사는 아무런 문제 제기 없이 기다려 주었고 주문도 계속해서 받아 주었다.

문제는 엉뚱한 곳에서 터졌다. 6개월 이상 밀린 대금은 대단히 큰 금액이 되었고 한국은행 외환관리국에서 색안경을 끼고 조사에 들어간 것이다. 보우가 수출대금을 외국에 빼돌려 수입대금을 타국에서 결제하고 있지 않은지 조사하기 시작했다. 세계적인 회사가 한국의 조그마한 중소기업에 아무런 담보도 없이 이토록 큰 대금 결제를 미루어 줄 리가 없다는 것이다.

그러나 그동안 오고 간 전신 내용을 근거로 보우 조사에서 아무것도 나오지 않자 보우 거래은행들을 집중적으로 감사해서 괴롭

힌다는 소식이 들렸다. 조흥은행을 조사하다 보면 상대방 은행에
도 연락이 갈 거고 그러면 오스트리아 스와로브스키 본사에 연락
이 갈 수도 있다. 이 얼마나 난처한 일인가. 며칠 고민 끝에 아침
출근길로 한국은행 본점 외환 담당 책임자를 찾아갔다.

"IMF로 환율이 너무 올라서 제가 스와로브스키 본사에 부탁해
서 결제를 미루어 준 것인데 도대체 무엇이 문제입니까? 한국은
행 같으면 보우처럼 작은 기업에 담보도 없이 신용으로 이처럼 거
액의 돈을 연기해 줄 수가 있나요? 도대체 무슨 근거로 보우가 거
래하는 은행을 괴롭히는지 이유를 말해 보시오. 정당한 이유가
아니면 당장 조사를 중단해 주시오."

갑작스러운 나의 항의에 책임자는 당혹스러워하더니 본인이
꼭 찾아내고 말테니 돌아가서 기다리라고 했지만 내가 꿈쩍도 않
고 서 있자 자리를 피한 후 종일 사무실에 들어오지 않았다. 나는
담당자 옆에 있는 사람에게 이렇게 말한 뒤 점심도 굶은 채 서서
기다렸다.

"나는 대답을 듣기 전에 절대로 이 사무실을 나가지 않을 것이
며, 만약 오늘 안으로 해결해 주지 않으면 내일 신문에 이 내용을
기사로 내서 국가 은행이 중소기업을 도와주는 것이 아니라 괴롭
히고 있다고 할 겁니다."

담당자는 하루 종일 기다려도 오지 않더니 퇴근 시간이 지나서
야 사무실로 와서는 "알아보니 별문제가 없어서 조사를 종결했으

니 돌아가시오. 당신 같은 사람 처음 봅니다. 여자가 지독하기
는!" 하고 말했다. 담당자는 나를 징그러운 거머리 보듯 하며 휙
나가 버렸다.

내내 굶으며 얼마나 신경을 썼는지 사무실을 나오려니 다리에
힘이 풀려 복도에 주저앉고 말았다. 한국의 조그마한 중소기업이
어려움에 닥쳤을 때 아무런 조건도 없이 도와준 스와로브스키 본
사의 넓고 깊은 배려와 믿음에 나는 고마움을 느끼며, 신뢰의 중
요성에 대해 다시 많은 것을 배웠다.

자신을 믿어라. 자신의 능력을 신뢰하라.
자신감 없이는 성공할 수도 행복할 수도 없다.

한겨울의 야외 사우나

1994년 뉴욕 주얼리 전시회에 참가해서 만난 존(John)은 키가 크
고 나이가 많은 할아버지 바이어였다. 그는 기획 상품과 메일 오
더(제품을 신문 전단지에 광고해서 판매하는 방식)로 비즈니스를 하
는 회사를 운영했다. 그는 한 가지 제품을 2~5만 세트 정도 주
문하여 판매하며 1년에 3~4가지 스타일을 판매하였는데, 항상
불량제품 반품 때문에 골치 아파했다. 그러나 보우 제품을 판매

한 후부터 불량 반품이 없어지자 그는 보우의 품질과 디자인에 완전히 매료되어 있었다.

존은 뉴욕에 있는 다른 주얼리 업체를 나에게 소개해 주며 자신이 보우 미국 영업 담당자라고 농담하기도 했다. 어느 추운 겨울날에는 내 뉴욕 출장 때 꼭 뉴저지에 있는 자기 집에서 묵으라며 공항에 마중을 나와 자신의 집으로 나를 데려갔다. 부인과 함께 멋진 저녁을 먹은 후 그의 부인은 나를 뒤뜰로 데리고 가서 천막으로 만든 야외 사우나를 보여 주고, 존이 미세스 킴을 위해 임시로 만든 곳이라고 말했다.

나는 깜짝 놀랐다. 그 당시 내가 수영을 배우고 있었고 수영 후에 사우나를 한다는 것을 안 존이 나를 위해 자기 집 뒤뜰에 천막을 치고 임시 사우나를 만든 것이다. 밖은 흰 눈이 펄펄 날리는데 천막 안은 따뜻한 물이 철철 흘러넘치는 풍광은 너무도 운치 있고 아름다웠다. 지금도 그 노천탕을 잊을 수가 없다.

존은 내가 뉴욕 출장 갈 때마다 나이에 걸맞지 않게 스포츠카를 타고 공항까지 와서 픽업해 주는 것은 물론, 상담하는 바이어 건물까지 데려다주고 끝날 때까지 부근 카페에서 기다렸다가 또 다른 미팅 장소로 데려다줬다. 그는 보우 직원이나 가족처럼 물심양면으로 도와주면서도 내가 미안해하면 "나는 보우를 만난 것이 최고의 행운이오. 보우를 만나 회사가 잘되니 직원도 아내도 모두 보우와 미세스 킴을 좋아합니다"라며 그러지 않아도 된다고 했다. 그리고 자기는 크고 튼튼한 체구를 가지고도 아시아를 갈 엄두가 안 나는데 가녀린 몸으로 자주 미국까지 다니는 내가 대단하단다.

뉴욕 출장이 끝나는 어느 날 그는 멋지고 운치 있는 카페에서 "미세스 킴, 생일을 축하합니다. 당신은 나를 매우 행복하게 만들어 준답니다. 당신은 사람들의 마음을 사로잡는 매력이 있어요"라며 생일을 축하해 주었다. 어떻게 내 생일을 알았는지 생일 파티를 준비해 줘서 매년 생일을 외국에서 홀로 보냈던 나는 감동했다.

어느 날은 미국에서 한국 보우로 전화를 했다가 내가 병원에 입원했다는 소식을 듣고 꽃바구니와 카드를 보내 주고 퇴원해서도 매일 전화로 안부를 물으며 격려해 준 적도 있다. 이렇듯 존은 나에게 고마운 친구이자 바이어였다.

평생 잊을 수 없는 말,
"당신은 사람들의 마음을 사로잡는 매력이 있어요."
(You have the real common touch.)

6·25전쟁과 콜롬비아 할아버지

1988년 어느 날, 한국 정부에서 세계 각국의 6·25전쟁 참전용사들을 한국으로 초대한 적이 있다. 그분들 중 한 콜롬비아 사람이 주얼리 사업을 한다며 비즈니스 미팅을 하고 싶다고 했고, 나는 한국 코트라를 통해 연락을 받았다.

미팅에 나온 할아버지는 콜롬비아에서 조그만 가게를 하시는 분이어서 보우와 무역 거래를 할 수가 없었다. 미팅 후 아쉬워하시는 할아버지를 모시고 명동에 있는 한식당에 가서 불고기를 대접해 드리고 선물도 드렸다.

6·25전쟁 때 1950년에서 1953년까지 철원에서 복무하신 할아버지는 그때 부상을 입어 다리를 절고 계셨다. 할아버지는 "한국이 이토록 눈부시게 발전해서 굉장히 놀랐고 한국을 위해 참전한 것이 너무도 자랑스럽다. 강원도 철원은 너무나 추워서 동상도 걸렸다"라고 그때를 회상하시며 고개를 절레절레 저으셨다.

할아버지가 콜롬비아로 돌아가신 후, 나는 젊은 시절에 6·25전쟁에서 다리를 다치면서까지 복무하신 할아버지에게 감사했고 한국의 발전이 자기 나라 일인 것처럼 좋아하시던 모습이 자꾸만 생각나서 무언가 도와드리고 싶었다. 여러 궁리 끝에 보우에서 생산하고 남은 제품과 샘플 등을 모아 할아버지가 가게에서 팔 수 있게 여러 차례 콜롬비아로 보내 드렸다.

그리고 어느 해, 편지가 날아왔다.

미세스 킴이 보내 준 물건이 이곳에서 인기가 아주 좋아 나에게 아
주 커다란 도움이 되었다오. 내가 그 물건들을 팔 때마다 이 물건
은 내가 젊었을 때 참전했던 코리아에서 천사가 보내 준 귀한 것이
라며 자랑했다오. 당신에게 매우 고맙고 코리아가 자랑스럽고 또
한 당신이 나를 너무나도 자랑스럽게 해주었소. 당신이 내 가족과
손자들 그리고 친구와 이웃들로부터 한국전쟁 절름발이 사나이의
명예와 자존감을 찾아 주었소. 나는 영원히 코리아와 코리아 천
사, 당신을 잊지 못할 거라오. 우리 가족과 상의하여 이곳 아마존
강 유역에서만 사는 몰포 나비(Morpo Butterfly) 액자를 보냅니
다. 당신에게 하느님의 축복과 행운이 있길 빕니다.

편지와 함께 수만 마리 몰포 나비 날개로 만든 커다란 액자가
콜롬비아에서 태평양을 건너 배달되었다. 오색 빛이 나는 아름다
운 나비 액자는 15평 작은 보우 사무실에는 걸 곳이 없어서 창고
에 보관하였다가 1995년 보우 사옥이 마련된 후에야 쇼룸에 걸었
다. 이 나비 액자를 볼 때마다 그때 그 할아버지의 모습이 생각나
고 잊고 있었던 나라 사랑하는 마음도 생긴다. 그리고 이 나비 액
자를 보고 있으면 무언가 나에게 행운을 주는 것 같아 편안하고
기분이 좋다.

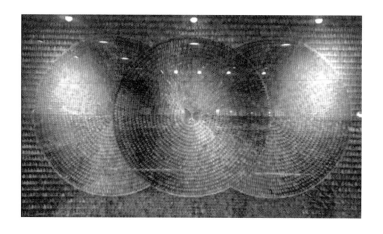

콜롬비아에서 온 찬란한 모습의 몰포 나비 액자

썩은 미소, 썩은 사과

고등학교 때이다. 학생과 선생님 호출을 받고 교무실로 갔다. 학생과 선생님은 내 앞에 편지 봉투가 가득 든 라면 상자를 내놓으시며 "너, 이 편지가 다 뭐냐? 이게 다 너에게 온 거야"라고 했다. 상자를 보니 안에는 편지가 가득했다. 옆에 계시던 수학 선생님이 하나를 집어 앞에서 열어 보시고 "이놈이 여학생 월간지에 글을 보냈구나. 아주 제법인데. 전국에서 온 펜팔 편지가 이렇게 많네"라고 말씀하시자 교무실 선생님들이 우르르 오셔서 편지들을 뒤적이셨다. 월간지 〈여학생〉에 실린 내 시(詩)를 보시고 선생님들은 모두 고개를 끄덕이셨다.

며칠 후 수학 선생님이 나를 따로 부르시더니 "문학에 조예가 아주 깊은 대학 동문이 서울의 대학 교수로 있는데, 너에 대해 편지를 보냈더니 도와준다고 쾌히 승낙했으니 시(詩)를 써서 보내면 아마 많은 도움이 될 거다"라고 하시며 주소와 이름을 주셨다. 전혀 예상치 못했던 나는 틈틈이 글을 써서 정 교수님께 보내 특별 시평(詩評)을 받곤 하였다.

시골 깡촌으로 첫 발령을 받아 오신 수학 선생님은 얼굴이 하얗고 부잣집 오빠 같았지만, 학생들을 언제나 웃는 얼굴로 대하시곤 하였다. 특히 가만히 계셔도 눈웃음이 있으셔서 사춘기였던 우리는 반은 못마땅하고 반은 좋다는 뜻에서 '썩은 미소' 또는 '썩

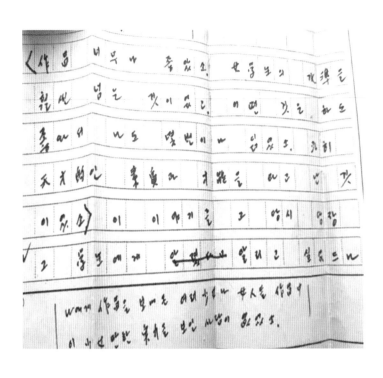

정 교수님께 받은 정성스런 시평

은 사과'라 불렀다.

한번은 수업 도중에 선생님께서 "여러분 중에서 세계적인 문학인이 나올 수도 있고 세계적인 지도자가 나올 수도 있으니 이러한 시골에 있을수록 더 열심히 노력해야 합니다"라고 하시는 바람에 여학생들의 야유를 들으신 적이 있다. 두메산골 깡촌에 사는 나에게 용기를 불어넣어 주려 하셨던 감사한 선생님을 친구들이 '썩은 미소', '썩은 사과'로 놀려 댈 때마다 난 미안하고 죄스러웠다. 선생님의 깊은 배려를 친구들에게 말하지 않았던 것이 지금 생각하면 생각이 너무 짧았던 것 같고 죄송스럽다. 선생님께서 그토록 나를 위해 수고하고 계신다는 것을 친구들이 알았으면 아마도 덜 놀려 대었을 터인데 하는 아쉬움이 많다.

바쁘신 중에도 얼굴도 모르는 시골 여학생이 보낸 글을 읽고 정성스레 지적해 주시고 가르쳐 주신 정 교수님과 말없이 도와주신 조원용 수학 선생님께 감사하다. 세계적인 시인이 못 되어 선생님께 죄송하지만, 덕분에 세계적인 영시를 써보겠다며 영어 공부를 시작했는데, 그게 씨앗이 되어 나중에 국제 비즈니스를 할 수 있었던 것 같다.

교육은 우리들의 머릿속에 새로운 씨앗을 심는 것이 아니라
우리들의 씨앗들이 자라나게 해준다.

비행기 안에서 쓴 편지

아들 원석이가 초등학교 5학년 때이다. 겨울방학이 곧 시작될 무렵 아들의 담임선생님께서 전화를 하셨다. "저, 원석이 어머니신가요? 원석이 담임입니다. 드릴 말씀이 있는데 시간이 되시면 학교에 좀 들러 주시기 바랍니다." 학교에 달려가면서 여러 가지가 궁금했다. '무슨 일일까? 목소리 느낌으로는 사고는 아닌 것 같아. 한 번도 학교에 찾아가지 않아 화가 나셨나?' 나는 이런저런 생각을 하며 교실로 찾아갔다.

담임선생님은 반가운 얼굴로 맞이해 주시며 말씀하셨다.

"바쁘신데 오시라고 해서 죄송합니다. 원석이가 어머니를 굉장히 자랑스러워하며 '우리 엄마는 해외 출장이 많아서 무지 바쁘세요'라고 하더군요. 겨울방학이 끝나면 원석이도 6학년이 되고 저도 다른 반을 맡거나 전출 갈 수도 있어서 어머니께 몇 가지 말씀 드리고자 합니다. 원석이가 학교 성적은 나쁘지 않으나 학습에는 전혀 흥미가 없고 매일 야구 놀이에만 집중하는 것 같아 걱정입니다. 곧 중학교 갈 준비도 해야 해서 부모님의 관심이 필요한 시기입니다."

선생님 말씀을 듣고 살펴보니 아들은 선생님이 내주시는 숙제만 하고 친구들과 몰려다니며 야구 놀이하는 데 집중하고 있었다. 겨울방학 때 학원이라도 보내려 했지만 안 가도 된다는 아이를 억지로 보낼 수가 없어서 난감하였다. 초등학교에 입학하기 전에 집에서 4, 5학년 수준으로 미리 공부시켜서 학교에서 새롭게 배우는 매력을 못 느끼게 된 것 같았다.

봄방학이 끝나고 아들은 6학년이 되었지만 특별한 방법을 찾지 못해서 유럽 출장을 떠나는 마음이 무거웠다. 그래서 나는 비행기 안에서 6학년 담임선생님에게 편지를 썼다.

'선생님, 원석이가 공부에 취미가 없어서 매일 친구들이랑 놀기만 합니다. 학원이라도 보내려고 하니 싫다고 합니다. 좋은 방법이 없을까요?'

15일간의 유럽 출장을 끝내고 집에 돌아와 아들에게 물었다.

"요즘도 매일 야구 놀이하니?"

"네, 전 야구가 재미있어요. 하지만 담임선생님이 저와 저의 반 친구 다섯 명에게 매일 수업이 끝난 후 교실에 남아서 문제집을 함께 풀게 하신 후 서로 비교해 보라고 하셔서 친구들이랑 아주 재미있게 공부하고 있어요. 함께 놀기도 하고요. 이번 주말엔 우리 집 정원에서 텐트 치고 그 친구들이랑 함께 자기로 했는데 너무 신날 것 같아요."

아, 고마우신 선생님! 힘들었던 장거리 해외 출장의 노독이 눈처럼 녹아내리는 걸 느끼며 눈물이 핑 돌았다. 그 뒤 나는 아들이 중학교에서 전교 회장이 되었을 때나 고등학교에서 장학금을 받았을 때, 보스턴대학을 졸업했을 때 가장 먼저 6학년 담임선생님을 찾아뵈라고 하였다. 가장 중요한 시기에 엄마 대신 관심 가져 주시고 지켜봐 주신 원석이 5학년, 6학년 담임선생님의 배려는 평생 잊지 못할 것이다.

훌륭한 교사는 냉철한 머리와 따뜻한 심장이 있어야 한다.

버스 스토리

내게는 70년을 살면서도 해결하지 못한 트라우마가 있는데 바로 버스 울렁증이다. 내가 5살 때 어머니는 어머니의 막내 여동생 결혼을 앞두고 8살 된 언니와 나 그리고 갓난아기 남동생을 데리고 외갓집에 가게 되었다.

외갓집은 제천시 송학면 입석리에 있어서 당시 제천 시내에서 버스로 2시간 정도면 가는데, 숨 막히는 만원 버스 안에서 내가 내리자고 너무나 울어 대는 바람에 하는 수 없이 내려서 걸어가게 되었다.

어머니는 남동생을 업으시고 손엔 우리 세 아이 옷가지 보따리를 들고 계시니, 5살 나는 언니 손을 잡고 어머니를 따라 종종걸음으로 걷다가 주막에서 자고, 또 걷다가 지나가는 마차를 얻어 타서 이틀이 지나도 도착지가 멀었다. 그러던 다음 날, 그날은 어느 민가에서 하룻밤 자고 다음 날 아침 떠나려 하는데 잠을 재워 준 주인 아주머님께서 이렇게 말씀하셨다.

"젊은 새댁, 이렇게 어린아이들을 데리고 저 산을 넘기도 전에 또 어두워질 테니 아무리 생각해도 어려울 것 같소. 내가 우리 아들보고 산 너머까지 후딱 꼬마를 업어다 주라고 할 테니 그렇게 하시구려."

그렇게 나는 건장한 남자 등에 업혀서 산을 넘어 외갓집에 갔다. 이웃도 아니요 친척도 아닌 지나가는 한 가족을 재워 주고 먹여 주고 아들을 시켜 아이를 업어다 그 먼 산을 넘어 마을까지 데려다주도록 도와주신 그 아주머님은 아마도 하늘에서 내려온 선녀인지도 모른다. 한 번의 큰 희생은 쉬워도 계속되는 작은 희생은 더 어렵고 힘들지 않은가.

또 한번은 이런 일이 있었다. 시골에서 내가 다니던 중학교와 고등학교는 우리 집에서 4킬로미터 정도 떨어진 곳에 있었는데 걸어서 1시간 정도, 차로는 10분 정도 거리였다. 그곳엔 미니버스가 다녔지만, 학생들 대부분은 걸어 다녔다. 집안이 넉넉지 못했던 나도 걸어 다녔다. 비포장 시골길은 버스가 지나갈 때마다 흙먼지가 뽀얗게 나서 차가 지나갈 때마다 우린 한쪽으로 비켜서서 손으로 입을 막곤 하였다. 그러나 내가 걸어갈 때면 이 미니버스는 멈추어서 나를 태워 주곤 하였는데 계속 공짜로 타고 다니려니 가끔 미안한 마음에 내가 안 타려 하면 "안 타면 버스가 출발을 안 하고 기다린다고 기사님이 말씀하셨습니다. 얼른 타요!"라고 조수가 성화를 내어 매번 타고 다녔다.

어느 날에는 학교 부근 친구 집에서 놀다가 어두운 밤에 집에 가게 되었다. 버스가 지나가다가 태워 주길 바라며 먼지 나는 도로를 걸어가는데 버스가 그냥 휙 지나가는 것이다. 나를 못 보셨나 싶었다. 어두운 밤에 집들이 없는 외진 곳은 혼자 가기가 무척이나 무서워 큰 소리로 노래를 부르고 땀을 뻘뻘 흘리며 마구 뛰었던 기억이 있다.

그다음 날에는 여전히 버스를 태워 주셨다. 지금까지도 왜 6년이나 공짜로 버스를 태워 주셨는지 모른다. 진실로 고마워하면서도 부끄러워 고맙다는 인사도 제대로 하지 못한 것이 죄송스럽다. 나는 그분의 성함도 모르고 '조 기사'라는 호칭밖에 모른다. 버스에서 내려 기사님을 향해 목례할 때마다 환하게 웃으시던 야윈 모습만 기억한다. 결혼 후 시골에 갔을 때 그분을 찾아보았지만 어디로 이사를 하셨는지 아무도 몰라 찾을 수가 없었다.

지금도 여학생 시절을 떠올리면 하루나 이틀도 아니고 6년 동안 매일 등하굣길에 미니버스를 태워 주셨던 '조 기사'님이 먼저 생각나고 고마움을 느낀다.

베푸는 사람은 작은 것이지만,
받는 사람은 그 안에 커다란 마음이 있음을 안다.

멀미 덕분에(?) 입사하다

내가 직장에 다닐 때 일이다. 내가 다니던 직장은 서소문에 있는 오진그룹이었다. 오진그룹은 우리나라 최초로 아파트를 건설한 건설 회사와 주유소를 여러 군데 가진 석유 회사, 버스·택시를 여러 대 소유한 운수협동조합 등을 소유했으며, 주주총회를 삼청각이나 호텔에서 한 대기업으로 기억한다.

나는 서소문에 있는 오진그룹 본사 오진빌딩에서 근무했다. 집이 한양대 부근에 있었던 나는 버스로 출퇴근을 하는데 교통도 좋지 않고 항상 콩나물시루마냥 만원이라 아침 출근 때마다 멀미를 했다. 그렇게 회사에 도착하면 소금에 절인 파처럼 기진맥진한 상태로 얼굴은 하얗게 질려서 오전엔 거의 환자처럼 앉아 있었다.

매일 같은 고생을 하니 동료들도 안타까워하던 중 어느 날 아침 우리 부서 부장님이 내가 버스 멀미를 심하게 하는 것을 아시고는 작은 임원회의 때 나의 사정을 이야기했더니, 마침 우리 집 앞을 지나가시는 나이 많은 상무님이 선뜻 본인 차를 태워 주겠다고 하셨다고 한다. 그래서 아침마다 집 앞 대로변에 나가 서 있다가 상무님 차에 합승하여 출근해 그토록 곤혹스러운 버스 멀미를 하지 않게 되었다.

가끔 상무님께서 전날 과음을 하셔서 기다려도 차가 오지 않을 땐 급히 택시를 타곤 했지만, 결혼으로 퇴사할 때까지 매번 태워 주셨다. 하잘것없는 말단 여직원이 버스 멀미한다고 손수 나서서 도와주신 우리 부서 임 부장님과 이 상무님, 그리고 매일 아침 출근 때마다 태워 주신 주 상무님의 배려에 크게 감사드린다.

내가 오진그룹에 입사하게 된 계기가 있다. 나는 이곳에 입사하기 전에 버스를 여러 대 소유한 국내 관광여행사에서 경리로 근무했다. 회사 사무실에는 모두가 사장 친척이고 나만 타인이어서 사무실 잔일은 모두 내 차지고 간혹 갑자기 관광 안내원 중 결원이 생기면 내가 대신 가야 했다. 처음 갔을 때 멀미를 무척 심하게 하자 다음부터는 서울 근교로 갈 때만 대신하라는 지시를 받았다.

하루는 신용협동조합 본사 임원들이 퇴촌 야외에서 점심을 먹은 후 회의를 마치고 돌아오기로 되어 차를 타고 가는데 또 멀미가 심하게 나서 얼굴은 하얗게 질리고 속은 울렁거리고 기사님 눈치도 보여 곤욕을 치르며 겨우 퇴촌 물가에 도착했다. 점심으로 일식 도시락을 주었는데도 나는 먹을 수가 없어서 물만 마시고 나무 그늘에서 책을 보고 있었다.

그때 누군가 내 앞에 멈추어 서 있어서 고개를 들어 보니 그중 나이가 가장 많으신 분이 "무슨 책인데 밥도 안 먹고 책만 보느냐?"라고 물었다. 내가 보고 있던 카네기 책을 보여 드렸더니 고개를 끄덕이며 가시다가 다시 와서 그동안 내가 읽은 책에 대해 여러 번 물으시더니 "책을 무척 좋아하는군. 지금 하는 일이 마음

에 들지 않거나 힘들면 나를 찾아오게"라고 하시며 명함을 주셨
다. 그 후 나는 그분의 추천장으로 오진그룹에 취업할 수 있었다.

처음 만나 잠시 이야기를 나누었는데도 나의 처지를 이해하시
고 시골뜨기가 대기업에서 일할 기회를 만들어 주신 그분을 나는
평생 잊지 못한다.

한 스님의 신비로운 도움

내가 아기였을 때 일이다. 6 · 25전쟁 중에 태어난 지 6개월이 채
되지 않아 머리보다 더 큰 볼거리가 생겼다. 고열로 물과 젖조차
먹지 못한 채 죽기만을 기다리고 있을 때 평소에 들르시던 스님이
전쟁 중에도 먹을 양식을 공양하러 우리 집에 오셨다. 어머니가
공양하시면서 아기가 죽어 가고 있다고 슬프게 말씀드렸더니 스
님은 방으로 들어와 나를 살펴보시고 어머니께 "동쪽으로 뻗은 뽕
나무 가지를 잘라다 푸욱 달여서 먹이라"고 하셨다.

어머니께서 동쪽으로 뻗은 뽕나무 가지 달인 물을 며칠 동안
계속 입에 넣어 주었더니 아기 머리보다 더 컸던 볼거리가 사라
지면서 내가 살아났단다. 이 이야기를 듣고 나는 그토록 아들만
중요시하며 딸을 구박하시던 어머니가 계모인 줄 알았던 오해를
풀었다.

그리고 초등학교 6학년 때 일이다. 아버지의 기와 벽돌 공장이 공장장이었던 사촌 오빠의 노름빚으로 파산했을 때 집안의 아들 두 명, 딸 네 명 중 둘째 딸인 나를 아버님의 양부모님 집안에 양녀로 보내기로 하셨다. 아버님 양부모님과는 원래 아무 연고가 없었으나, 6·25전쟁 때 우리 집에서 피난살이를 하셨다. 높은 직책에 계셨던 양아버지는 무사히 피난살이를 마치신 후 부모가 없으신 아버님을 양아들로 삼았다. 당시 서울시 간부이셨던 양아버님은 전쟁이 끝나고 귀경 후 사고로 돌아가셨다.

아버님 사업이 실패했다는 소식을 들으시고 아버지의 양어머니께서 오셨다. 우리 집안이 갑자기 어려워지자 그분께선 부모님과 의논하여 나를 양녀로 데려가기로 결정을 내리셨다. 나는 건강하지는 않았지만 늘 조용히 한쪽 구석에서 책이나 즐겨 보는 책벌레였다. 그런 나는 아들이 대학교 학장인 아버지의 양어머니 가정에 가도 미움받지는 않을 것이고 곧 중학교에도 가야 하는 점을 고려하여 부모님은 나를 보내기로 하셨고, 할머니는 우리 집에 나를 데리러 오셨다.

내가 안 간다고 눈이 퉁퉁 붓도록 울어 대니까 할머니는 며칠 후에 다시 오기로 하시고 집으로 돌아가셨다. 어머니가 시간만 있으시면 "그곳에 가면 네가 좋아하는 책도 많고 부잣집이라 맛있는 것도 많이 먹을 수 있단다. 아기도 없어서 네 마음대로 놀 수도 있고 책도 마음대로 볼 수도 있다"며 나를 달래셨다.

그러던 어느 날 채무자들이 물건을 모두 털어 간 텅 빈 가게에 어머니와 내가 앉아 있을 때 자주 오시던 스님이 오셔서 물 한 그릇을 청하셨다. 어머니가 물을 떠다 주시는 동안 나는 스님을 피해 밖으로 놀러 나갔고 물을 다 마신 스님은 어머니께 "저 아이가 앞으로 이 집안을 많이 도울 겁니다"라고 했다고 한다.

나중에 안 사실이지만 그 스님 덕분에 어머니는 나를 양녀로 보내지 않으셨다. 할머니가 나를 다시 데리러 왔다가 내가 가지 않게 되자 애들 교육비에 보태라며 돈을 주셨다. 그 돈으로 어머니는 조그만 장사를 시작하셨고, 아버지가 빚을 청산할 때까지 우리 6남매를 홀로 가르치고 키우셨다. 이후에도 할머니는 가끔 오셔서 용돈을 주고 가셨고, 내가 결혼할 땐 대학 총장이신 아드님이 나의 주례를 서 주셨다. 그리고 할머니의 손자가 지금 보우에서 근무하고 있다.

이번에는 내가 초등학생 때의 일이다. 여름방학에 친구와 산딸기를 따러 갔다. 주전자를 들고 산딸기가 많다는 곳을 찾아 마을에서 조금 먼 산속으로 갔는데, 초입부터 딸기가 많더니 갈수록 더 크고 싱싱한 딸기들이 나왔다. 우린 신이 나서 노래를 불러 가며 딸기를 계속 먹으면서 조금씩 깊이 들어갔다.

주전자 가득 딸기를 딴 후 집으로 돌아가려고 길을 찾아 이리저리 뛰어다녔지만 길은 보이지 않았다. 얼마를 헤매다가 무서워서 둘이 손을 잡고 엉엉 울고 있노라니 갑자기 조용하던 숲속에서 부스럭부스럭하는 소리가 들렸다. 무서운 짐승이 나타난 줄 알고 우리는 서로 부둥켜안고 숨죽여 있는데, 나타난 것은 작은 동자 스님이었다. 지나가던 동자 스님이 우리 울음소리를 듣고 찾아온 모양이었다. 동자 스님은 우리를 화전민 사는 곳까지 안내해 주고 갔다.

우리는 흐르는 옹달샘에 눈물로 얼룩진 얼굴을 닦고 시원한 물로 갈증을 면한 후 딸기를 넣어 둔 주전자를 열어 보았다. 그런데 얼마나 들고 뛰어 다녔는지 딸기는 죽이 되어 먹을 수가 없어져 흐르는 물에 버렸다. 마침 점심을 먹고 계신 노부부에게 가서 길을 여쭈면서 할머니 할아버지가 드시는 보리죽을 뚫어져라 쳐다보았다. 길을 찾느라 배고픔도 잊었다가 갑자기 허기가 몰려온 것이다.

눈치를 채신 할머니는 커다란 감자가 두 개나 있는 보리죽 두 그릇을 우리에게 주셨다. 그때 먹은 그 보리죽이 이 세상에서 가장 맛있는 점심이었고, 지금도 가끔 심하게 건강이 나쁠 때는 그 보리죽이 먹고 싶다. 내가 그때까지 옆에 끼고 있던 사탕 봉지를 할머니, 할아버지에게 드렸더니 너무도 좋아하셨다. 보리죽을 폭풍처럼 먹어치운 우리들을 할아버지는 우리가 사는 마을이 보이는 산자락까지 데려다주셨다.

그렇게 우연히 만난 동자 스님과 친절하신 노부부 덕분에 무사히 집으로 돌아올 수 있었다.

관포지교

나에게는 물질적으로 도와주는 친구도 많지만, 관포지교(管鮑之交)에 나오는 포숙아 같은 친구가 많다. 나 자신은 전혀 관중과 같은 그릇에 미치지 못하지만, 나의 친구들은 모두가 포숙아 같다. 36년 동안 일에 미쳐서 지낸 나는 친구들이 부를 때마다 항상 바쁘다, 아프다, 출장이다 등의 핑계를 대며 친구들과 함께 하는 시간에 무척이나 인색했다. 반대로 친구들은 내 마음을 나보다 더 너그럽게 이해하며 배려해 주었고, 난처한 상황에는 나의 대변인이 되어 나를 보호해 주어 얌체 짓하는 나를 부끄럽게 한다.

나를 믿어 주고 배려해 주는 포숙아 같은 친구들이 있어서 언제나 든든하고 행복하다. 한자 중에 '朋'(벗 붕)이라는 글자에는 밝은 두 개의 달이 있어서 친구가 어둡고 나쁜 길을 가지 못하게 서로를 밝혀 주는 것 같아 내가 좋아하는 글자다. 나도 '朋'이라는 글자처럼 친구에게 밝은 달이 되도록 노력하려고 한다.

내가 환경이 좋을 때는 초대받아야 찾아오고,
내가 역경에 처해 있을 때는
부르지 않아도 찾아오는 사람이 참다운 친구다.

— ❖ 작은 마음이 모여 ❖ —

나는 2000년부터 세계여성경제인협회(FCEM), 세계여성지도자
회의(GSW), 유엔 여성지위위원회(UN CSW), 아시아태평양이코
노미(APEC), 유엔 글로벌콤팩트(UN GLOBAL COMPACT), 문화
소통포럼(CCF) 등 여성 단체나 한국이 주관하는 여러 국제 행사
에 참석하였다. 그중 2001년부터 참가하기 시작한 세계여성경제
인협회(FCEM)가 한국에서 2006년, 2012년 두 번이나 총회를 열
었을 때 나는 FCEM 로고 브로치를 만들어 참가자 700명 전원에
게 주었다.

한국을 오랫동안 기억할 수 있도록 브로치 품질도 최고급으로
하여 평생 사용할 수 있게 했다. 2017년 FCEM 모나코 총회와
2018년 FCEM 뉴욕 총회에서 다시 만난 이탈리아와 아르헨티나
대표는 2001년부터 만난 이들이었는데, 2006년 한국 총회 때 준
브로치를 달고 와서 자랑하며 너무나 좋아했다. 그 외에도 해마

다 다른 나라에서 열리는 총회에 참석해 각국 대표단을 만나면 그 브로치를 달고 와서 반가워하고 좋아한다.

이제는 모두 고령이 되어 언젠가는 그들의 얼굴을 보기 힘들 것 같아 안타깝다. 내가 속해 있는 단체가 한국에서 국제 행사를 할 때엔 사적인 것을 떠나 단체장이 누구이든 내가 도울 수 있는 일은 무조건 최선을 다해 돕는다.

내가 30년째 가입해 있는 한 여성 단체는 3년마다 새로운 단체 장을 선출한다. 나는 어느 지역에서 누가 당선되든 내가 지지하 지 않은 사람이 회장이 되더라도, 오해를 받거나 어려운 일이 생 겨도 내가 속해 있는 단체가 한국에서 국제 행사를 열면 최선을 다해 돕는다.

세계 각국 사람들이 한국을 방문하는 국제 행사는 개인이나 단 체장 한 사람을 위한 개인 행사가 아니라 우리나라, 대한민국을 알리는 나랏일이기 때문이다. 또 국제 행사에서의 조그만 배려와 도움은 국가의 격을 높이는 기회가 된다. 정치하는 사람도 국내 에서 정쟁하는 것은 얼마든지 해도 좋지만, 국익과 나라의 명예 가 달린 일엔 한목소리를 내는 모습을 보여야 국민들도 작은 일에 도 나라 사랑하는 습관을 갖게 된다.

2014년 대통령과 스위스 다보스 포럼에 참가했을 때다. 다보 스 포럼에는 세계적으로 유명한 재계·정치계 인사 수만 명이 참 가하며, 각 나라 대표단은 저녁마다 자기들 나라 홍보에 적극적

1. 2003년 세계여성지도자회의에서
2. 2005년 아시아태평양이코노미에서
3. 2006년 세계여성경제인협회에서 협회원들과 함께
4. 세계여성경제인협회에서 아들, 딸과 함께

1

2

1. 2014년 다보스 포럼 한국의 밤 행사에서
2. 다보스 포럼에서 가수 싸이와 함께

이다. 한국인의 밤 행사가 있던 날에도 같은 시간에 여러 나라가 다양한 행사를 진행했다. 한국관은 200명 정도의 참석을 예상하고 준비했다는데, 가수 싸이가 참석한다는 소식이 나가자 1천여 명이 구름처럼 몰려와 뜨거운 열기로 참석자 모두가 땀범벅이 되었다. 세계적으로 유명한 재계·정치계 인사들이 모두 한국 행사에 참석한 것이다. 가수 한 사람이 대통령보다 더 큰 홍보효과가 있는 것에 놀랐고, 그가 정말로 위대한 애국자처럼 느껴졌다.

2019년 대통령 프랑스 방문 때도 빌보드 뮤직 어워즈, 아메리칸 뮤직 어워즈에서 상을 받고 UN과 세계에 한국을 알린 방탄소년단(BTS)이 함께했다. 당시 프랑스 신문과 방송이 우리나라 대통령이나 경제사절단 이야기보다 방탄소년단 이야기로 가득했던 걸 보면, 자기 분야에서 최정상에 도달하여 한국을 알리는 한류스타들 같은 연예인도, 세계 대회에서 태극기를 올리는 체육인도, 예술인도 모두가 애국자다.

아이들이 유치원생, 초등학생일 때 사업을 시작한 내가 외국 출장 갈 때마다 아이들이 따라가겠다고 울면 남편은 아이들을 달래며 "엄마는 달러를 벌어 오는 훌륭한 애국자란다. 애국자 엄마가 편안하게 다녀오게 해드려야 너희도 나중에 훌륭한 애국자가 될 수 있어"라고 했다. 그래서 우리 아이들은 어릴 때 엄마를 대단한 애국자로 알며 자랐다. 내가 출장을 나서면 따라가고 싶어 울먹거리면서도 "엄마, 내 인형은 사지 말고 할아버지 담배와 할머니 초콜릿만 사와"라고 말하던 유치원생 딸의 얼굴이 잊히지 않는다.

올림픽에서 태극기를 올리는 일, 한 가정생활 속에서, 학교 교육생활 속에서 건전한 아이들을 키우고 내 집 앞을 깨끗이 쓸고 공공물을 아끼는 등의 작은 일, 이러한 작은 습관들이 모여 사회를 형성하다 보면 이 모두가 모여 애국심이 되지 않을까?

중국 공장의 수난

한국에서는 더 이상 제조가 어려워 외국으로 생산지를 옮겨 가던 시절이 있었다. 보우는 한국에서 버티고자 처음엔 중국 칭다오에 300명 정도를 수용하는 반제품 조립 공장을 운영하다가 일이 점점 늘어나서 결국 반제품 공장을 하나 더 만들었다.

그러나 유명 브랜드 제품 주문이 날로 늘어나는 데다, 유럽과 미국 근로기준법에 맞는 공장 시설을 물가가 비싼 한국에서 갖추려면 보우빌딩 같은 건물이 3개여도 부족할 것 같았다. 한국에서 공장을 확장하려면 경제적 투자 규모가 너무 크고 바이어들도 모두 중국 한곳에서 완제품을 생산하기를 원했다. 그래서 중국 공장 2개를 하나로 합치려고 5천 평 공장 부지를 50년 임대하여 2천 명이 일할 수 있는 제3공장을 건설하였다. 2천 명 공인의 숙소로 쓸 아파트도 공장 옆에 따로 마련했다.

1,500명의 공인과 30명의 한국 직원들이 일하는 칭다오공장은

한국 직원들을 배려하여 공원도 가깝고 한국 식당들이 많은 쾌적한 곳에 자리 잡았다. 출퇴근 시간에 공인들이 한꺼번에 우르르 나가는 모습은 옛날 등하교 때를 연상케 하였다. 한곳에서 모든 생산이 이루어지니 여러 가지로 편리하였다. 투자도 많이 하였지만 넓고 쾌적한 곳에 최신 시설까지 갖추어 마음이 뿌듯했다.

하지만 전혀 예상치 못한 일이 일어났다. 보우는 중국 칭다오 지역에서 최초로 명절 휴가 때 공인들에게 보너스를 현금으로 지급하곤 했다. 그 때문에 보우가 공인을 모집할 때면 지원자가 구름떼처럼 몰려오곤 하였다. 어느 해 추석 명절엔 한 직원이 아이디어를 내서 보너스 줄 돈으로 아주 푸짐하고 커다란 선물 세트를 사 주자고 하여 생활용품 세트를 준비하였다.

선물 세트를 받은 공인들은 처음엔 무척 좋아하다가 현금을 주지 않는다는 것을 알자 모두 선물 세트를 반납하였다. 1,500개의 선물 세트를 모두 운동장 가운데 산처럼 쌓아 놓고 다시 현금을 지급해 달라고 농성을 부리는 모습에 한국 직원들은 무척 당황스러웠다. 아무리 한국 직원들이 설득해도 소용없었다. 점점 농성이 커지자 경찰들의 도움을 받아 스피커로 이 선물은 보우에서 공짜로 주는 것이므로 가지고 가라고 설득해 보았지만, 꿈쩍도 하지 않았다.

결국 트럭 5대를 불러 선물 세트 1,500개는 부근 양로원과 고아원에 기증하고 다시 현금으로 지급하고 말았다. 사회주의에 젖

보우 중국지사 직원들과 함께.

어 있던 중국 공인들은 자본주의에서 돈의 효력과 매력을 맛본 후 무섭게 변화하고 있었다. 중국 정부가 외국인 회사에 노조를 허락하면서 사태는 점점 심각해져서 다시 공장을 2개로 분산하여 운영하는 방법으로 제 2공장을 또 지었다.

그러나 공장을 완공한 지 18개월 만에 도시 계획에 따라 대형 건물들이 설립된다며 6개월 이내에 공장을 철거하라는 통지서를 받았다. 다 지어진 공장에 시설만 설치해도 6개월이 걸리는데, 너무도 어이가 없고 터무니없는 요구였다.

공장 허가서까지 받았는데도 날벼락 같은 통지서를 보내고 6개월이 지나자 깡패단을 동원하여 한밤중에 공장으로 몰려와 공장 지붕에 올라가 기왓장을 내던지고 대낮에 망치를 들고 와 건물을 허물기도 하였다. 경찰에 신고도 하고 토지 주인과 싸우기도 하다가 결국엔 하는 수 없이 공업단지 안으로 다시 공장을 옮겼다.

공업단지에는 한국인을 위한 식당이나 편의 시설이 전혀 없고, 시내에 나오려면 외지고 무서워서 우리 한국 직원들이 근무하기를 꺼려했다. 그래서 배려 차원에서 환경이 좋은 곳을 찾아 공장을 설립한 것인데, 두 번이나 철거를 당하게 되니 고생스럽더라도 공업단지에 자리를 잡았다.

50년 임대한 대지 5천 평에 학교처럼 거대하게 지은 제1공장도 도시 계획이 바뀌었다 하여 결국 헐리고 말았다. 어느 해엔 한밤중에 8인조 권총 강도가 칭다오 보우 공장에 들이닥쳤다. 야근을 끝내고 문단속한 지 2시간 후에 들이닥친 권총 강도 8명은 자재를 몽땅 털어 갔다. 이 자재들은 시중에서 바로 현금화할 수 있다는 것을 아는 사람들의 소행이었다.

새벽에 받은 급보에 그래도 사람이 다치지 않았다는 소식을 듣고 먼저 한숨 돌렸다. 하지만 보우가 거래하는 바이어들은 모두 전 세계에 매장을 가진 글로벌 회사들이라 신용이 가장 중요한데 자재를 모두 털렸으니 선적 날짜에 큰 차질이 생기게 되었다. 경찰에 신고했으나 3일이 지나도 아무런 성과가 없었다. 보우 공장을 털기 전에 이미 4개 회사가 털렸으나 어떤 회사도 강도를 잡지 못했다.

어떤 회사에는 공장 자재실까지 땅굴을 파서 자재만 몽땅 털어 갔는데, 이는 강도들이 자재가 모두 현금화가 쉽다는 걸 알고 있다는 의미였다. 보우는 이 모든 사실을 종합해서 한국 영사관에

협조를 청하고, 중국 칭다오 경찰에게는 이 사실을 산둥성에 알리고 모든 한국 신문과 TV에 중국 강도들이 한국인 공장을 돌아가며 털고 있는데 중국 경찰은 속수무책으로 바라보고만 있다고 보도하겠다며 으름장을 놓았다.

그러자 바로 다음 날 경찰은 권총 강도들을 잡았다며, 이 자재가 보우 것이 맞는지 확인하라고 보우에서 털어 간 모든 자재들을 싣고 왔다. 기가 막힌 일이었다. 그동안 수많은 회사들이 강도당했지만 단 한 건도 해결하지 못했는데, 도둑맞은 물건을 모두 찾은 건 보우가 처음이었다.

한참 후에 들은 이야기지만, 외국인 회사 중에서 보우가 칭다오에서 처음으로 명절 때마다 공인들에게 보너스를 지급하고, 양로원과 고아원에 선물도 보내고, 2005년 창립 기념식 때 중국의 황사를 막기 위해 1,500명 공인들을 동원하여 1,500그루의 나무를 심는 등 다양한 호의를 보여서일 거라고 했다. 또한 보우 칭다오 지사장이 칭다오시 공예품 회장을 역임하고 칭다오 적십자 명예회장직을 다년간 맡은 것 또한 많은 도움이 되었을 거란다.

한국에서든 외국에서든 사업을 해서 수익이 나면 그 사회의 어두운 곳을 밝히는 작은 불씨 역할을 하는 것을 잊지 말아야 한다. 보우는 20년 동안 여러 가지 사유로 중국에 8개의 공장을 지었다.

1

2

1. 중국에 세웠던 세 번째 공장

2. 2017년 12월 중국 순방 때

기업경영은 정글 속 같은 것

기업경영을 하다 보면 전혀 예기치 않은 일이 생긴다. 몇 년을 공들여 기술을 가르쳐 놓은 기술자들이 다른 중국 회사로 옮겨서 보우의 기술이 유출되는 등 속상한 일이 많다. 특히 보우가 생산하는 주얼리는 모두 수제품이라 세밀한 기술이 필요했다. 그래서 2천 명이 넘는 중국인 공인과 소통하기 위해 150~200명 정도의 한국말을 잘 알아듣는 조선족 중간 관리자를 채용하고 있었다. 이들이 3~5년 경력을 쌓으면 어느 정도 한국 기술을 전수받아 중국인 공장으로 스카우트되곤 하는데, 20년 동안 보우를 거쳐 간 기술자만 500명이나 되다 보니 하청공장을 운영하던 중국인들이 낮은 가격으로 우리 거래처를 공략하고 있었다.

모든 제품이 겉으로 보기엔 생산 작업이 쉬울 것 같지만 숨어 있는 복병이 있어서 난관을 겪을 때도 많다. 2008~2009년에 세계 금융위기가 왔을 때 보우는 가장 큰 위기에 처했다.

2007년 모든 매체가 달러 환율이 960원에서 900원 미만으로 하락할 거라고 떠들 때 은행 담당직원이 나에게 여러 차례 이렇게 이야기했다.

　"회장님, 올 연말부터 환율이 내려가 내년에는 900원대가 무너진다고 합니다. 거래 은행에서도 보우는 100% 수출만 하니까 대비를 하는 게 안전하고, 선물환 계약을 2년 정도 하는 것이 좋다고 합니다."

　사실 보우는 수출만 하는 회사라 환율에 대단히 민감하다. 가격이 한번 정해지면 환율에 변동이 있어도 바이어들과 가격을 조정할 수 없기 때문이다. 난 여러 기관에 문의한 후 달러 환율이 내려갈 것이라는 확신이 들어 선물환을 하기로 결심하고 1달러당 960원에 2년을 계약했다.

　'2년 동안은 환율 걱정 안 해도 되겠구나!' 생각하고 안심했다. 그런데 불과 다음 해인 2008년, 예상치 않던 세계 금융위기가 터지면서 달러 환율은 매일 하루가 다르게 치솟아 달러당 1,500원, 1,700원까지 올랐다. 환율이 900원 이하로 내려갈 것을 예상하고 대비했는데 도리어 반대로 되다니 ….

　누구도 예상치 못한 마른하늘에 날벼락 같은 일이었다. 나날이 치솟는 환율은 밤낮으로 나를 괴롭혔다. 수입 자재 거래처나 협력업체에는 달러당 1,500원이나 1,600원에 결제하고, 수출한 대금은 960원에 은행 협상을 하다 보니 손실이 날로 늘어났다. 어느 달은 계약 금액보다 적게 수출되면 차액만큼 달러를 1,500원에 사서 960원에 팔아야 하는 경우가 종종 있어 회사 손실은 눈덩이처럼 부풀어 1년에 20억 원씩이나 손실이 났다.

매일 신문과 매스컴에서는 선물환으로 무너진 회사 소식이 이어졌고, 나는 하루하루 살얼음 위를 걷듯 힘들고 어렵게 버티었다. 다행히도 보우는 창업 이래 은행이나 거래처에 부채가 전혀 없고 160개 넘는 협력업체들에도 외상을 하지 않아 다른 부담은 없었다. 아마 보우가 은행에 대출이 있었거나 외상거래를 하여 당좌수표나 어음이라도 발행했더라면 다른 회사들처럼 버티지 못하고 파산했을 것이다.

매일매일 늘어나는 손실도 속상하고 화가 나지만 대표자인 내가 판단을 잘못해서 열심히 일한 직원들에게 연말이나 명절에 보너스를 주지 못한 것이 더 미안하고 마음 아팠다. 난 20년 이상 적립했던 개인 명의의 연금보험을 하나씩 정리하여 최소한의 명절 상여금만이라도 2년간 지급하였다.

무엇보다도 보우실업은 2개의 중국 공장이 임가공회사로 등록되어 있어서 중국 현지에서 조달하는 자재 대금을 법인으로 결제할 수가 없었다. 그래서 회사 규모가 점점 커져도 개인 회사로 남아 있어야 했다. 개인 회사로 되어 있다 보니 선물환 환율 손해를 손비 처리할 수 없다는 국세청 통보에 나는 아연실색하고 죽을 맛이었다. 중국 공장에서 생산하여 전 세계로 수출하고 대금은 모두 한국 본사로 들어온다. 모든 돈이 수출 대금임을 입증하는 자료를 국세청에 제출해도 개인 회사라 손비 처리가 안 된다는 통보를 받았다.

회사는 실제로 어마어마한 손실을 보았는데 그 손실을 손비 처리하지 못하고 세금까지 내야 하는 이중고에 심한 스트레스로 몸은 날로 쇠약해지고 의욕 상실로 저녁에 지친 몸으로 누우면 다음 날 아침에 일어날 자신이 없었다. 건강은 극도로 나빠졌지만 어려운 회사가 하루하루 버티기가 더 힘들어서 건강을 돌볼 여유조차 없었다.

"원숭이도 나무에서 떨어질 때가 있다"는 말이 나를 두고 한 것 같았다. 보우를 창업하면서 명심한 게 있다. '절대 외상을 하지 않는다.' '절대 은행이나 남의 돈을 빌리지 않는다.' 나는 사업을 하면서 어떠한 어려움에도 대비를 해야 한다는 것을 철칙으로 삼아 무리한 부동산 투자도 하지 않고 항상 준비했기에 모두가 쓰러져 가는 상황에도 어려움을 이겨 나갈 수 있었다.

수수깡으로 만든 여자?

재산을 잃은 사람은 많이 잃은 것이고
친구를 잃은 사람은 더 많이 잃은 것이며
용기를 잃는 사람은 모든 것을 잃는다.
그러나 건강을 잃으면
가족, 재산, 친구는 물론 용기까지 잃는다.

나는 지금까지 살아오면서 에너지가 넘친 적이 없었던 것 같다. 한 끼라도 굶거나 조금만 스트레스를 받아도 두통이 오고 귀에서 매미 소리가 난다. 보통 매미는 15일밖에 살지 못하는데 나와 사는 매미는 40년이 되어도 늙지도 죽지도 않는다. 매미는 늘 갓난아기처럼 조금만 배가 고파도, 조금만 피곤해도 참지 못하고 울어 댄다.

천식은 40년, 편두통은 50년 넘게 달고 산다. 나는 에너지가 바닥까지 고갈된 것처럼 느끼거나 항상 피곤하고, 늘 몸 어느 한 부분이 좋지 않아 병원을 들락거린다. 어릴 적 내가 "엄마, 친구들이 나는 수수깡으로 만들었대"라고 하면, 어머니께서는 이렇게 말씀하셨다.

"6·25전쟁 때 임신하여 전쟁 난리 통에 낳았으니 산모가 잘 먹지 못했고, 특히 언니를 낳고 또 딸을 낳아 어른들에게 죄스러웠다. 아기가 배고파 울어도 어른들이 아기에게 젖 주라는 말씀을 안 하셔서 갓난아기 때 너무 많이 굶겼더니 그런가 보다."

특히 10대 이후부터는 두통으로 고생이 심했다. 겨울이면 감기를 달고 살았고, 둘째를 낳은 후엔 건강 상태가 좋지 않아 몇 차례 수혈을 받으며 병원에 입원할 정도로 몸이 급속도로 쇠약해지면서 천식까지 걸려 고생하였다. 이때 시작된 천식과 이명은 40년이 넘은 지금도 심각하다. 천식과 이명, 심각한 두통을 고치려고 좋은 병원은 두루 다 다녔고 집안에선 '보약을 집채만큼 먹은 여자'라는 별명이 붙었다.

1995년 어느 날엔 목에 달걀만 한 혹이 나서 병원에 갔더니 체중이 39킬로그램에 갑상선 종양이라고 했다. 이후 몸은 더욱 쇠약해져서 아토피가 생겼다. 아토피는 설탕과 조미료가 들어간 음식을 먹으면 온몸이 가렵고 아픈 귀족병이라 해외 출장이 많은 나를 무척 괴롭혔다. 게다가 아토피 피부로 오랜 기간 피부약을 복용하다 보니 위가 나빠져서 자주 체하고 소화가 되지 않았다.

2000년엔 허리에 대상포진이 생겼다. 대상포진은 입원해서 지속적인 치료를 받아야 하는 병인데 해외 출장이 잡혀 있어서 주사 대신 약을 처방받고 독일행 비행기를 탔다. 비행기 안에서 통증을 이기기 위해 대상포진 약에 진통제까지 복용해서인지 몸 상태가 좋지 않았다. 호텔에 도착 후 밤새 앓던 나는 결국 실신하여 다음 날 아침에 일어나질 못했다.

바이어 회사에서 9시에 미팅하기로 약속해 놓고 미팅에 나타나지 않자 바이어는 자기가 예약해 준 호텔로 전화를 했다. 그러나 실신하여 쓰러진 나는 전화벨 소리는 들렸지만 몸이 움직여지지 않았다. 분명히 전날 밤에 체크인한 내가 아침 약속 시간에 나타나지 않고 전화도 받지 않자 바이어는 호텔 방으로 달려왔다. 호텔 매니저와 함께 방문을 열고 들어와 의식을 잃은 채 죽은 듯이 누워 있는 나를 보고 얼마나 놀랐을까.

응급실에 가서 치료를 받고 호텔에서 이틀을 쉰 후에야 겨우 상담을 하고 귀국할 수 있었다. 그때 대상포진을 제대로 치료하지 않아 내성이 생겨 조금만 과로하거나 피곤해도 대상포진이 발병하곤 하여 지금까지 나를 괴롭히고 있다.

2006년 7월, 영국에서 대학을 졸업하고 석사과정에 들어가는 딸과 처음으로 졸업식 후 이탈리아 여행을 함께하기로 했다. 모처럼 계획한 딸과의 여행이라 설레는 마음으로 준비하면서 회사 일을 마무리하느라 며칠 밤을 새워 가며 일을 마친 후 영국행 비행기를 탔더니 너무 무리했는지 몸살이 났다. 호텔에 도착한 날 밤부터 열이 심하게 나면서 온몸이 불덩이 같고 목에서는 계속 심한 가래가 쏟아져 나왔다. 당시 중국과 한국에 사스(SARS) 유행이 한창이어서 사스 환자로 오해받아 격리 수용될까 봐 병원에도 가지 못했다. 딸은 고열에 시달리는 나를 간호했고, 나는 혹시 사스나 이상한 바이러스에 감염되었을까 봐 두려움에 떨었다.

영국에 있는 딸 친구들이 전해 준 진통제, 해열제 등 비상약을 복용하면서 영국에서 유명한 천연 라임 가루를 뜨거운 물에 타서 수시로 마셨다. 그렇게 5일간 호텔에서 꼼짝 못 하다가 열이 내린 후 병원에 가서 진료를 받고 비행기를 타도 된다는 의사 처방을 받고 한국으로 돌아온 적이 있다.

갑상선과 아토피, 그리고 수시로 발병하는 대상포진은 매번 나를 괴롭혔다. 이후 2008~2009년 세계 금융위기 때 심한 스트레스와 면역성 저하를 겪고 2010년 '섬유근육통'이라는 희귀병에 걸리면서 내 건강은 최악으로 치달았다. 게다가 회사 대표인 나의 잘못된 판단으로 계약한 선물환 때문에 세계 금융위기 때 2년간 막대한 손실을 입은 회사는 존폐의 위기에 놓였다.

건강은 점점 나빠졌지만, 다행히도 회사는 수출 주문량이 점점 늘어 한 달 선적 물량이 50건이 넘다 보니 중국 공장과 한국 본사는 매일 전쟁터처럼 정신이 없었다. 매일 약을 한 보따리 안고 중국과 한국을 이웃집 다니듯 다녔다.

면역성 저하로 오는 '섬유근육통'은 세상에 알려진 지 얼마 되지 않은 병으로, 그 통증은 어떠한 병원 검사에도 나타나지 않고 겉보기에는 전혀 환자 같지 않아 보였다. 통증이 너무 심해 진통제 없이는 생활할 수 없는데도 겉보기에는 멀쩡했다.

지금은 병명과 치료법이 개발되어 병원에 가면 가장 먼저 항우울제를 처방해 주지만, 당시엔 진통제로 견디며 스스로 면역을 키워 치료하는 방법밖에 없었고 인터넷에서 서로 정보를 주고받는 것이 전부였다. 처음 내가 병원을 갔을 때도 나이 60이 되면 흔히 생기는 퇴행성관절염이나 류머티즘에서 오는 통증이라며 신경외과나 정형외과 치료를 3년이나 받아서 병을 키웠다.

이 병은 몸살처럼 온몸이 아파 몸살 약을 먹어도 통증은 없어지지 않고 통증과 두통을 참기 위해 진통제를 복용해야 생활할 수 있다. 병이 심해질수록 점점 진통제 복용량이 늘어서 하루에 2알씩 먹던 양이 나중엔 2알씩 5시간마다 5번, 총 10알을 복용해야만 했다. 통증으로 불면증까지 생겨서 매일 수면제까지 장기간 복용하다 보니 어느새 우울증에 시달리고 주기적으로 자살 충동까지 느꼈다.

어느 날 친구가 얼른 TV를 보라고 해서 보니 섬유근육통 환자들의 상태에 대해 나오는 것을 보고 커다란 충격을 받았다. 중환자가 되면 아예 누워서 꼼짝도 못 하고 더 심해지면 완치가 힘들다는 것을 알았다. 밤이나 새벽에는 통증이 더욱 심해서 참다못

해 밤마다 엉엉 울며 "엄마, 나 좀 데려가 주세요. 하느님, 제발
저 좀 데려가 주세요. 더 이상 고통을 이길 수가 없으니 데려가
주세요"라고 돌아가신 어머니와 하느님께 기도하곤 하였다.

나는 하루 진통제 10알로도 견디지 못하면 죽기로 작심하고 매
일 밤 유서를 써 놓고 남에게 피해 안 주고 편안하게 죽을 수 있는
방법, 가족들이 피해 보지 않는 방법을 연구하기 시작하였다. 욕
조에서 수면제를 먹은 후 손목의 정맥을 자를까? 벼락에 맞아 죽
으면 얼마나 좋을까? 벼락에 맞아 죽으려고 천둥 번개가 치는 날
이면 우산을 쓰고 전봇대 밑에 서 있기도 했다. 자동차로 한강을
뛰어들까? 비가 억수로 오는 날 한강 고수부지 외진 곳에 차를 세
워 놓고 운전기사에게 커피 심부름을 시킨 후 자동차로 한강에 빠
질 곳을 찾아다니기도 했다.

가평 집 부근 산을 다니며 목을 맬 적당한 소나무를 찾다가 수
백 년 된 소나무에 목을 매기로 결심하고 직접 그 소나무에 줄이
닿는지 실험해 보고 진통제로 견디지 못할 정도가 되면 그 소나무
에서 생을 마감하기로 결심했다. (그 후 내가 다시 소나무를 찾아갔
을 때 내가 목매려던 소나무 가지가 찢어져 쓰러져 있었다.) 낮에는 바
쁜 일정에 정신없이 일하면서 밤에는 통증을 견디지 못해 자살할
방법만 연구하고 있었으니 얼마나 놀라운 일인가.

어느 날 수면제를 복용한 나는 나도 모르게 미국에 있는 아들
에게 '매일 밤 자살을 생각한다'는 이야기를 했나 보다. 아들은 너

목을 매려던 소나무 가지가 찢어져 거인처럼 누워 있다.

무도 놀라고 황당해서 바로 귀국하여 수면제 과다 복용으로 오는 우울증이니 당장 수면제를 끊으시라고 했다. 또 술에 약한 나에게 수면제 대신 독한 양주를 한 잔씩 마시라 권유해서 2년간을 양주로 버티기도 했다.

무엇보다도 내가 심한 섬유근육통을 앓고 있을 때 내가 가입한 지 30년 이상 된 단체들이 나에게 단체장을 맡아 줄 것을 요청해서 더 곤혹스러웠다. 고통스러운 아픔과 우울증에 시달리면서도 겉보기에는 멀쩡하니 나의 고통을 이해할 수가 없는 그들은 사양하지 말고 해야 한다고 아우성이었다. 암 같은 중병에 걸리거나 어디 심하게 다쳐서 병원에 입원해 있으면 오해받지 않겠지만 진통제로 버티며 외양은 멀쩡해 보이니 오해는 당연하다. 이해 못하는 사람들은 "멀쩡한데 엄살 아냐?", "봉사정신이 없는 게 아냐?", "너무 이기주의 같다", "너무 무책임하다"는 등 비난을 쏟아냈다. 특히 내가 가장 애정을 많이 가진 단체가 더 심했다. 선배들께 불려가 혼나기도 했고, 오래 함께하던 임원들은 꼭 해야 할 사람이 핑계만 댄다고 괘씸죄를 붙여 나를 왕따까지 시켜서 더욱 괴롭고 곤혹스러웠다.

4~5시간마다 진통제 2알씩 먹으며 버티는 몸은 점점 쇠약해져서 하루하루 견디기가 힘들었다. 어느 날은 귀밑 쪽으로 콕콕 쑤시고 통증이 심해서 치과와 이비인후과에 가도 아무런 이상이 없다고 했다. 계속 통증이 심해져서 결국 큰 병원에 갔더니 의사

는 "아이고, 5살 미만 어린애가 걸리는 볼거리 비슷한 바이러스에 걸렸군요. 요즘 아기들은 예방주사를 맞아 걸리지 않는데 면역성이 떨어져 걸리셨나 봅니다"라며 안타깝다는 듯이 말했다.

그 이후에도 온몸에 발진이 나서 병원에 갔더니 역시 5세 미만 아기들이 걸리는 수두 비슷한 바이러스에 걸려 7일 동안 병원에 다니며 100개나 되는 발진을 가위로 잘라내는 치료를 받아야 했다. 이렇게 면역성 저하로 어떤 병에 어떻게 다시 걸릴지 몰라 불안하여 사람이 많은 곳이 꺼려졌다. 그러다 보니 점점 대인기피증까지 생기게 되었다. 천식과 이명, 아토피, 갑상선, 대상포진 등이 괴롭혀도 여태까지 잘 버티었는데 섬유근육통에 우울증까지 겹치면서 모든 의욕이 사라졌다. 그래도 하루도 집 안에 누워 있지 않고 출근하며 진통제로 버텼다.

그러던 어느 날, 경제 사절단에 참여하여 프랑스를 거쳐 영국 런던에 갔다. 경제 사절단은 프랑스 파리에서 런던까지 기차로 이동한 후 기차역에서 준비된 버스를 타고 런던 버킹엄궁 뜰에서 열리는 영국 여왕 환영식에 참가하기로 되어 있었다. 그러나 런던 시내에 들어서자 비가 와서 교통이 마비되어 도저히 제시간에 도착하기가 어렵게 되었다. 정부 관계자는 "영국 여왕이 초대한 행사에 한국 대표단 자리가 비어 있으면 안 된다. 내려서 뛰어서라도 가야 한다"고 재촉했다. 이에 남자들은 우르르 내려 3킬로미터 남짓 남은 거리를 안내자를 앞세워 뛰기 시작했다.

하이힐을 신은 나도 죽기 살기로 뛰었지만 얼마 가지 않아 내 앞에는 아무도 없었다. 내가 따라가고 있는지 아무도 뒤돌아보는 사람이 없었다. 그래도 땀을 뻘뻘 흘리며 뛰어 겨우 환영식 시작 직전에 도착할 수 있었다. 연세가 많거나 몸집이 무거운 사람들은 뛰지를 못해 참석하지 못했다. 환영식을 무사히 끝내고 경제인 만찬도 마치고 호텔에 돌아와 옷을 벗으니 양쪽 허벅지가 피투성이인 것을 보고 놀랐다. 갑자기 너무 먼 거리를 뛰어서 실핏줄이 터진 것이다. 내가 환자라는 것을 잠깐 잊고 있었다.

이후 어느 경제 사절단에 참가했을 때 양국 경제 포럼 후 만찬 시간에 대통령 주치의분 옆자리에 앉게 되었다. 그분은 내 손에 여기저기 붙여진 동전 모양의 통증 테이프를 보더니 "왜 손에 반창고를 그렇게 많이 붙이고 있으세요?"라고 물으셨다. 나의 설명을 조용히 들은 후 박사님은 여성 호르몬제를 복용해 보라고 권하며 통증 치료 전문의를 소개해 주시고 면역력에 좋은 몇 가지를 추천해 주셨다.

호르몬제를 복용하고 소개받은 의사에게 치료를 받으면서 조금씩 통증이 나아지기 시작하더니 1년 후엔 진통제 복용이 하루 10정에서 6정으로 줄어들며 작은 희망이 생겼다. 치료할 수 있다는 희망이 생기자 인터넷으로 면역성 키우는 음식과 방법을 찾아 치료하기 시작하였다. 진통제와 수면제 복용량이 줄자 그토록 오랫동안 그림자처럼 따라다니던 우울증과 자살 충동도 사라졌다.

1. 비와 땀에 젖은 채로 왕궁에 겨우 도착한 내 모습
2·3. 영국 여왕·박 대통령 환영식 장면

어느 날 새벽 친구가 우리 아파트 1층 로비에 있으니 빨리 내려 오라고 하여 갑자기 영문도 모르고 내려가 보니 "시골 아버님이 어제 산에서 산삼을 캐셨다는 연락을 받고 김 회장이 병으로 너무 고생하는 것이 안타까워 어젯밤에 내려가 아버님께 사정을 말씀 드리고 가지고 왔으니 이것이 도움이 되길 바란다"며 산삼을 나에 게 주는 것이었다. 내가 친구를 불효자로 만드는 것 같아 마음은 무겁고 불편했지만 친구의 정성에 눈물이 핑 돌았다.

이렇게 친구와 가족들은 산삼이나 면역성에 좋은 것들을 모두 나에게 보내 주었다. 내가 건강을 되찾을 때까지 8년 동안 면역 성에 좋은 프로폴리스와 로열젤리를 보내 준 수원 친구와 산삼, 삼복고 등 각종 효소를 보내 준 창원 친구, 새로운 병에 걸릴 때 마다 명의를 찾아 주시는 윤 박사님과 광화문 김 대표님, 가평 집 텃밭과 들과 산에서 자라는 갖가지 약초로 정성껏 효소와 환을 만 들어 주고 나의 모든 응석을 받아 주는 엄마 같은 나의 언니, 그 리고 면역에 좋은 것들을 보내 준 많은 친구, 지인 모두에게 너무 너무나 감사하다.

성공한 사람의 최대 적은 성공기억이다

성공은 오만과 현실 안주를 부르고 오만은 전략상 실책보다 더 큰 재앙을 낳으며 지나친 자신감은 반드시 화를 낳는다. 정해진 마음에 갇히면 더 넓고 깊은 세계의 위대한 빛을 발견할 수 없다.

2008~2009년 금융위기 이후 최고급 명품 브랜드를 제외한 나머지 중상위 브랜드들이 세계시장에서 휘청거렸다. 그러자 보우의 주력 거래처인 하이 브랜드들이 마켓에서 중저가 브랜드에 밀려나기 시작했다. 나날이 중저가 브랜드가 상승세를 보이자 고급 브랜드들도 하나둘 가격을 낮추기 시작했다. 이미 30년 이상 고품질 시스템에 안착한 보우는 감당하기 어려운 상황이어서 상담 때마다 바이어랑 가격 마찰이 생기기 시작하였다.

바이어들도 미팅 때마다 품질보다 디자인을 살리고 가격을 낮추는 데에만 신경 썼다. 중국 내 인건비는 날이 갈수록 치솟았고, 중국에서 외국인 회사인 보우는 중국인 공장들이 가격으로 밀고 나서는 것을 감당하기 어려웠다. 20년 동안 중국 보우 공장에서 배출된 고급 기술자만도 500명가량 되다 보니 대부분의 중국인 공장에 보우의 기술자들이 포진되어 있어 경쟁에서 이기기가 어려웠다.

20~30년 오랜 기간 보우와 거래한 바이어들은 중국에서 가격을 내리지 못하면 베트남이나 인도로 생산 공장을 옮겨서라도 자기들의 가격을 맞추어 달라고 아우성이었다. 보우는 우선 급한 대로 칭다오에서 4시간 정도 떨어진 장쑤성 내륙에 제3공장을 만들었다. 내륙 지역은 우선 인건비가 저렴하여 도움이 될 것 같았다. 그러나 주변에 인프라가 갖춰지지 않은 데다 칭다오에서 너무 멀리 있어서 자재 공급이 어려웠다. 무엇보다도 한국인 관리자와 기술자가 서로 가지 않으려 하여 그곳으로 발령만 내면 회사를 떠났다.

3년을 운영하다가 결국 많은 손실을 입었고 어려움이 많아 중국인에게 거의 공짜로 공장을 넘겼다. 직원들도 회의 때마다 더 이상 중국에서 버티기 힘드니 인도는 너무 멀고 베트남으로 가자고 하는데, 난 엉뚱하게도 한국으로 돌아오려고 익산 주얼리 산업단지에 공장 부지를 계약했다.

2010년부터 섬유근육통이라는 희귀병을 앓고 있었던 나는 통증을 참기 위한 과다한 진통제와 수면제 장기 복용으로 심한 우울증과 향수병, 자기연민에 빠져 수시로 자살 충동을 느꼈다. 그래서 더 이상 타국에서 떠돌이로 살고 싶지 않았고 자신도 없어 한국으로 돌아오고 싶었다. 그러나 우울증과 심한 향수병에 젖어 2년에 걸쳐 계획한 한국행에는 애초 예상했던 것보다 훨씬 방대한 투자액이 필요했고, 도저히 감당이 안 되어 토지 계약금 일부를 배상하고 베트남으로 옮기게 되었다.

한국 대기업들이 있는 베트남 하노이에서 2시간 30분 떨어져 인적이 전혀 없는 산속 신설 산업단지에 2헥타르의 대지를 구매하고 등기와 공장설립 허가를 받는 데 1년이 걸렸다. 공장 건설 중에는 지하에 어마어마한 암석이 내장되어 있어서 다시 옆 대지를 구입해 건설하느라 시간이 지체되었다. 게다가 신설 산업단지에 보우 공장이 1호로 건립하다 보니 기본적인 전기, 수도, 폐수처리 시설 준비가 늦어져, 공장 건립은 예상보다 2배나 지연되었고 추가 경비는 눈덩이처럼 커졌다.

보우가 불확실한 세계경제하의 중요한 시기에 리더의 잘못된 판단 때문에 장쑤성, 한국, 베트남으로 갈팡질팡하느라 시간과 자금을 낭비하고 있을 때 바이어들은 가격이 싼 중국, 베트남, 인도 공장으로 발 빠르게 옮겨 가기 시작하였다.

무엇보다도 하이 브랜드 시장 매출이 줄자 바이어들도 과감하게 구조조정에 들어갔다. 아침마다 출근해서 이메일을 열면 보우와 20~30년 함께한 외국 거래회사 베테랑 수장들이 회사의 구조조정으로 하루아침에 업계를 떠난다는 소식에 더욱 마음이 좋지 않았다. 오랜 친구 같은 바이어들 대신 젊은 운영진으로 바뀌어서 상담 전 항상 나누던 화기애애하고 애정 넘치던 대화는 찾아볼 수 없었고, 상담은 황량하고 바람 부는 사막 모래벌판 같았다.

발 빠르게 저가로 움직이는 그들을 이해 못 하는 내 눈에는 젊은 바이어들이 경험 없이 젊은 혈기에 그동안 선배들이 쌓아 놓은 브랜드 가치를 망치고 있는 것처럼 보였다. 젊은 바이어들 눈에는 고품질만 고집하다가 대화가 안 되면 다른 회사로 가라고 고래고래 호통 치는 보우의 모습이 얼마나 엉뚱하고 한심스러웠을까!

상담 때마다 나의 이러한 행동을 어느 바이어도 이해하지 못했고, 나는 '을'인 주제에 완전 슈퍼 '갑' 노릇을 하고 있었다. 보우 직원들에게도 바이어에게 이끌려 함부로 가격을 낮춰 주지 말라고 경고하였고, 계속 보우 가격을 문제 삼는 바이어와는 거래를 중단하라고 지시했다.

사실 전에도 몇 개 브랜드들이 보우의 가격이 높다고 다른 회사로 옮겨 갔다가 품질 문제로 다시 보우로 돌아온 적이 여러 번 있었다. 그래서 오만과 자만심으로 가득 찬 나는 바이어가 미팅 때 가격을 내려 달라고 하면 나도 모르게 화를 내고 짜증을 내서 점점 바이어 미팅이 싫어졌고, 우울 증세는 점점 악화하여 미팅 참석조차도 싫어졌다. 품질과 신용만 지키면 언젠가는 바이어들이 보우를 다시 찾을 거라며 세상이 변해 가는 모습을 외면하고 내가 보고 싶은 것만 보고 있었다.

그러던 중 또 다른 위기가 몰려왔다. 보우의 주력 바이어인 하이 브랜드들은 대부분 전 세계에 매장이 있는데 온라인 몰에 고객을 빼앗겨 매출이 급감했고, 몇몇 큰 회사들은 은행 관리에 들어가는 상황이 벌어진 것이다.

메인 바이어들이 휘청거리자 위기감을 감지한 보우 임원들이 우리도 방대한 중국 공장을 구조조정해야 한다고 제안했다. 그러나 '구조조정'이라는 말에 자존심이 상한 나는 "몇 개 바이어들이 어려워졌다고 금방 보우가 무너질까 봐 그러냐?"며 버럭버럭 화를 내고 자존심만 세우다가 구조조정 골든타임을 놓치고 결국 회사에 어마어마한 손실을 가져왔다.

오만과 자만심으로 눈과 마음이 닫혀 실제 상황을 파악하지 못하고 오랜 기간 회사에 헌신한 사람들의 충고를 무시하자 충인(忠人)들이 하나둘 회사를 떠나기 시작했다.

어려움을 헤쳐 나가기 위해선 지속적으로 혁신하는 회사를 만드는 것이 훌륭한 제품을 만드는 것보다 더 중요하고, 그러려면 혁신할 수 있는 인재들로 채워져야 한다. 그런데 나는 엉뚱한 행동으로 그들이 떠나는 것을 괘씸하게 여기며 방관했고, 그때부터 팀워크는 무너지기 시작했는데도 과거의 성공기억 속에서 안주하고 있었다.

세상은 매일 엄청난 속도로 변하는데 나는 병마와 싸우느라 이미 지쳐 있었고, 육체적인 병보다 우울증이 가져온 정신적인 병이 더 크다는 것을 모르고 있었다. 육체적인 병은 자신만 고통스럽지만, 정신적인 병은 여러 사람을 힘들게 하고 회사를 어려운 궁지로 몰아가고 있었다. 육체적·정신적으로 병들어 있던 나는 엉뚱한 세상 속에서 허우적거리느라 판단력을 잃고 직원들의 충언도 듣지 않았다.

우울증이라는 병은 어느 무서운 암보다도 더 치명적이었다. 모든 의욕을 빼앗아 갔다. 사리 판단하는 힘도 사라졌고, 위기상황을 판단하는 능력도 대처하는 순발력도 없었다. 나는 6년이라는 시간을 허비하면서 나 자신은 물론 회사까지 어렵게 만들고 있었다. 동종업계에서 부러워할 정도로 탄탄하고 큰 브랜드들을 가장 많이 보유하고 직원 모두가 사장같이 일하던, 그래서 철옹성 같던 보우가 뿌리째 흔들리고 있었다. 세계 주얼리 업계에서 아무리 크고 거대한 바이어를 만나도 조금도 기죽지 않고 그토록 당당하던 보우가 아니었다.

IMF와 세계 금융위기 때도 지혜롭게 대처하여 승승장구하던 보우를 병약한 리더가 망치고 있었다. 30년간 은행 대출이나 부채가 일절 없었던 보우였는데, 중국 공장 구조조정 시기를 놓쳐 구조조정이 장기화하면서 막대한 비용을 감당하느라 처음으로 은행에서 자금을 대출받기도 했다. 위기 극복은 타이밍인데, 자만심에 빠져 직원의 충언을 무시한 대가는 너무도 컸다. 30년간 한 걸음 한 걸음 쌓아 올린 정상에서의 추락은 순간이었다. 나에

나에게 새로운 세상을 보게 해준 가평 파란 하늘.

게 닥친 이 무서운 재난은 내가 과거 성공했던 기억 속에서 안주
한 것에 대한 보복 같았다. 건강을 잃은 6년간 나는 걸어 다니는
시체였다.

몸과 정신이 빈사 상태인 쌀쌀한 늦가을 어느 오후, 가평 집 앞
산에 있는 집채만 한 노송(老松) 가지에 준비한 밧줄을 한 번 더
걸어 보았다. 집으로 돌아왔다가 전신의 통증과 심란한 마음을
달래기 위해서 계곡으로 내려가 가을 햇살에 따끈따끈해진 바위
위에 등을 대고 누웠다. 눈을 감고 오랜 시간 죽음에 대한 생각에
잠겼다가 따끈한 바위의 온기를 만끽한 후 눈을 뜨자 가을의 깨끗
하고 파란 하늘과 흰 구름이 너무도 아름답고 싱그러웠다. 약 20
년 동안 주말마다 이곳을 찾았는데 이제야 아름다운 하늘을 제대

로 보았다.

갑자기 40년 전 읽은 톨스토이의 《전쟁과 평화》에서 안드레이 공작이 전쟁터에서 쓰러졌다가 쌓인 시체들 사이에 홀로 깨어나 파란 하늘을 바라보며 그동안 명예와 탐욕에만 눈이 어두웠던 자신을 발견하고 반성하는 모습이 떠올랐다. 그건 몸과 마음이 병들어 쓰러져 있는 나의 모습이었다.

돼지는 목이 땅을 향해 있어서 하늘을 올려다볼 수 없는데, 그런 돼지가 하늘을 볼 수 있을 때는 바로 '넘어졌을 때'라고 한다. 어려움도 겪고 실수도 하고 부끄러운 상황에 닥쳐 봐야 겸손을 배울 수 있는 것이다. 지금까지 나의 모습은 돼지를 닮아 재물과 명예에 눈이 멀어 그것만을 좇아 고개를 파묻고 땅만 파헤치고 있지 않았나?

돼지처럼, 안드레이 공작처럼 이토록 아름다운 하늘을 볼 수 있도록 이렇게 넘어짐에 감사하다. 하늘 아래 가장 소중한 생명을 주신 부모님께 감사하는 마음 없이 일에 미쳐, 재물에 미쳐 건강을 돌보지 않은 불효에 대한 벌임을 깨닫고 나니 새로운 세상이 내 앞에 펼쳐졌다. 주인 없는 저 푸른 하늘과 맑은 공기, 자유로이 나는 잠자리와 새들의 지저귐, 따뜻한 가을 햇살과 따끈따끈한 바위, 계곡에 펼쳐진 갈대숲과 물속에 노니는 물고기와 다슬기, 그리고 산과 들에 있는 푸른 나무와 꽃들 모두가 나의 것이 되었다.

세상에서 가장 풍성하고 가장 아름다운 부자가 된 나는 몸이
깃털처럼 가벼워져서 푸른 하늘에 떠 있는 양떼구름 같았다.

명분이 아무리 숭고하고 인품과 신망이 뛰어나도

조직이 망하면 최악의 리더가 된다.

우여곡절 끝에 세운 베트남 공장

—⟡ 꿈에 미쳐라 ⟡—

꿈을 계속 간직하면 언젠가는 이루어진다.

사람은 꿈의 크기만큼 성공한다.

자신이 성취하고 획득할 수 있다고 생각하는 만큼 성장한다.

평생 살 것처럼 꿈을 꾸어라.

그리고 내일 죽을 것처럼 오늘을 살아라.

내가 2005년 동탑산업훈장을 수상했을 때 어느 기자가 나에게 이런 질문을 했다.

"여성 기업인으로서 가장 큰 상을 수상했는데 앞으로 꿈이나 포부를 말씀해 주세요."

그때 나는 조금도 망설임 없이 이렇게 말했다.

"보우 직원들에게 대기업처럼 500% 성과급을 주는 것입니다."

나의 대답에 기자는 너무 의외이고 시시하다는 생각이 들었는지, "그런 것 말고 좀 더 커다란 희망이 없으신지 … " 하고 물었다. 그래도 난 대기업들처럼 수익을 많이 내어 직원들에게 연봉도 많이 주고 성과급도 많이 주고 싶다고 했다.

그리고 그 꿈은 2010년에 이루어졌다. 연말에 직원들에게 100~500% 성과급을 지급한 것이다. 2008~2009년 세계 금융위기로 선물환을 계약한 회사들의 파산 소식이 매일 신문과 TV 뉴스를 도배하고 있을 때다.

보우도 선물환 계약으로 엄청난 손실을 보아 회사가 어려움에 처해 있었지만 회사 직원들과 2천 명 공인이 똘똘 뭉쳐 150% 생산율이라는 기적을 만들었다. 이렇게 회사도 위기에서 벗어나고 높은 수익을 내 나의 꿈을 이루어서 얼마나 대견하고 뜻깊었는지 모른다.

2016년, 7년이나 나를 괴롭히던 섬유근육통과 우울증이 어느 정도 치유되었을 때, 보우는 베트남 공장 지연공사로 인한 엄청난 추가 비용, 시기를 놓친 중국 공장 구조조정 문제 등 여러 가지 난관에 빠져 있었다.

30년 동안 그토록 힘들게 올라간 정상인데 내리막길은 한순간이었다. 보우 베트남 공장을 기다리던 많은 바이어들이 이미 저가 공장으로 옮겨 갔고, 고품질을 고집하던 보우도 새로운 변화가 절실히 필요했다. 한꺼번에 불어닥친 어려움은 보우를 힘들게 하였다.

'그래, 새로 시작하는 거야.' 지난 30년간 유명 브랜드 제품들을 만드느라 정신이 없어 늘 꿈만 꾸던 보우 자체 브랜드를 다시 시작하기로 했다. 36년간 세계 유명 브랜드 제품을 디자인·개발·제조한 노하우를 담아 틈틈이 디자인해 놓은 것을 개발하여 공항과 기내 면세점을 타깃으로 보우 자체 브랜드 마텔리에 최고급 실버 주얼리를 론칭하였고, 인천공항 면세점에 자리를 잡았다. 그리고 보우 자회사인 보우 글로벌에서는 2017년 한류 수출 제품으로 자체 브랜드 '리타 모니카'(Rita Monica)를 론칭했다.

명품 수준의 디자인과 품질에 중간 유통을 없앤 좋은 가격으로 누구나 부담 없이 구매할 수 있도록 인터넷 판매를 시도하였더니 뜨거운 반응이 일어났다. 30년 동안 수출만 하던 보우는 지금까지의 경영과는 전혀 다른 세계로 향했다. 깜깜한 정글 속을 탐험하듯 한 발짝씩 조심스레 내딛고 있지만 꿈이 있는 한 위안과 희망이 보인다. 보우의 무서운 위기는 안락함 속에 잠자고 있던 또 다른 재능과 능력을 일깨워 주었다. 또한 죽을 때까지 노력하고 변화하고 혁신해야 함을 깨우쳐 주었다.

지금 나는 70세 나이에 또 다른 꿈에 도전하고 있다. 내가 이 꿈을 이루든 못 이루든 살아 있는 한 꿈에 도전할 것이다.

4 leaf clover set

1
——
2

1. 보우 자체 브랜드 리타 모니카에서 만든 주얼리
2. 왼쪽 주얼리는 행운과 희망, 건강을 상징하고
   오른쪽 주얼리는 사랑과 신뢰, 성공을 상징한다.

책을 닫으며

아무리 작은 일이라도 혼신을 다해
30년을 꾸준히 하면 위대한 역사가 됩니다.
20~30년을 흔들리지 않고 꾸준히 성실하게 노력하면
누구나 천재가 될 수 있고,
누구나 성공할 수 있습니다.

꿈에 도전해서 오는 실패는
성공을 위해 건너는 징검다리 같은,
하나의 과정이라고 생각하면 됩니다.
운동선수는 실패를 연습이라 하고
과학자는 실패를 실험이라 하듯 말입니다.

꿈을 향한 도전 속에는 어려움과 고통만 있는 것이 아니라
희망과 즐거움, 희열이 존재합니다.
꿈을 꾸는 순간은 청년입니다.
청년은 미래입니다.
가슴에 별을 품어 가슴이 뛰어야 합니다.
당신의 꿈에 가슴 뛰는 사랑을 불태워야 합니다.

이 책을 읽는 독자 여러분,
망설이지 말고 당신의 꿈에 도전하시기 바랍니다.
당신의 위대한 역사를 시작하시기 바랍니다.
당신 안에 잠자고 있는 천재성, 창조성은
당신만이 꺼낼 수 있습니다.